U0165276

磨課師
教學設計指引

Instructional Design Guideline
for MOOCs

張淑萍　主編

主編序

近幾年國際快速發展的大規模開放式線上課程（Massive Open Online Courses，簡稱 MOOCs，臺灣譯為磨課師），已讓學習模式產生了顛覆性的創新。全球的教育機構，正以一種前所未見的多元發展模式與速度，提供以學習者為中心的個人化教育。

臺灣於 2013 年開始推動磨課師計畫，引導大學校院以校務學務的角度投入，建立學校磨課師課程發展支援機制，促進磨課師的發展，以實現全民教育。「磨課師教學設計指引」之內容，係彙編磨課師課程品質提升計畫之研究與實施成果，整合編輯團隊之實務與輔導經驗編製而成，希望提供各組織機構在磨課師課程發展及推動上有完善之參考資源，本指引的「前言」以磨課師整體概念、發展現況及智慧財產權議題帶入，再分別以「MOOCs 導入」、「MOOCs 設計」、「MOOCs 執行」、「MOOCs 教材影片製作」四個面向分別介紹組織推動之作法、策略、案例等，供讀者在推動或發展 MOOCs 時，以組織推動發展之流程觀看本指引，可對 MOOCs 有全貌之認識；亦可以教學團隊角色分工所需，閱讀欲深入認識之章節，以工作流程掌握設計、開發、執行之作法。指引之附錄提供了以組織推動、教師或教學團隊的角色，分別適用之磨課師課程及教學品質自評參考規準，供讀者參考，以開發並推動高品質之線上課程。

本指引能夠出版，由衷感謝教育部指導，特別是林燕珍高管、藍曼琪科長、李如璇管理師對我們的諄諄教誨。在指引發展的期間，諮詢委員尹玫君、李維斌、邱貴發、邱瓊慧、徐新逸、張瓊穗、陳姿伶、歐陽誾老師們（依姓氏筆劃排序）提供的專業建議，讓我們將此指引之內容發展更趨完備，最後，萬分感恩磨課師計畫召集人劉安之校長的提攜與肯定，帶著我們勇往直前、迎接挑戰，對此指引反覆且逐字檢閱提供修正方向，實在令我們感激涕零。也謝謝這幾年來一起奮戰的王履梅主任、黃朝曦老師不斷給予的鼓勵與回饋，王慧娟助理館長、章忠信老師、陳錫民老師、薛念林老師提供的專業資訊與資源，還有最棒的呂玥馨與張瀞文編輯群，以及計畫團隊成員朱純瑜、朱琇伶、邱于庭、邱鈺鈞、馬均榕等夥伴的協助及中華開放教育聯盟支持，才能產出此指引，期許透過此指引，讓更多人能認識磨課師並踏入磨課師，對教育推廣有所貢獻。

張淑萍

2018.12

目 次

壹、前言

貳、MOOCs 導入

參、MOOCs 設計

肆、MOOCs 執行

伍、MOOCs 教材影片製作

附　錄

表目次

圖目次

壹

磨課師教學設計指引

前言

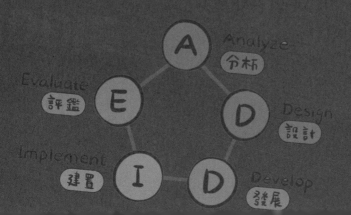

磨課師教學設計指引

一、MOOCs 的概念

(一) MOOCs緣起

MOOCs（Massive Open Online Courses），大規模開放式線上課程，臺灣稱之為「磨課師」，起源於 2008 年，George Siemens 與 Stephen Downes 共同開設的 Connectivism and Connective Knowledge 課程，此門課程透過線上與免費的方式進行，而加拿大學者 Bryan Alexander 與 Dave Cormier 針對這個課程進行的方式提出 MOOCs 一詞。

2011 年前史丹佛大學資工系教授 Sebastian Thrun 教授在網路上將他的「人工智慧概論」（Introduction to AI），在網路上開放選修，吸引了十六萬人註冊的旋風，點燃了 MOOCs 之火。

緊接著於 2012 年美國頂尖大學創立了 Coursera、edX、Udacity 等 MOOCs 平臺，紐約時報也將 2012 年定為 MOOCs 元年。

MOOCs 與 OCW（OpenCourseWare）不同，簡單說，OCW 是由教學者單向授課，隨堂跟拍錄製影片，便於有興趣的人上網觀看，無學習要求與限制；MOOCs 是由教學者事前將課程規劃成腳本段落，以分鏡方式拍攝適合學習者吸收及記憶之時間長度的授課影片，

教學者在一個影片中講述一個獨立概念，適合學習者自行調配學習時間。

MOOCs 學習平臺也提供線上練習、評量、虛擬線上實驗、即時線上討論等功能，讓教學者與學習者更能掌握課程與學習狀況。

(二) MOOCs特徵

透過 MOOCs 平臺，來自世界各地的學習者可以依照個別需求，不受時空限制進行線上進修，更能修習全球名校的課程。

MOOCs 課程內容包含單元式的教學影片、評量測驗、作業、線上社群討論、同儕互評等，透過 MOOCs 平臺，可以提升師生間及學習者間的學習互動機會。有些 MOOCs 線上學習機構會給予通過結業標準者修課證明。

目前的 MOOCs 課程具備以下特徵：

1. 課程學習者來自世界各地，且不限制註冊學習者人數。

2. 課程內容不侷限在單一平臺或單一媒介。

3. 課程內容份量小且模組化。

4. 課程進行是由學習者與授課者共同參與，且共創學習內容。

(三) MOOCs理論基礎

Siemens 與 Downes 的 MOOCs 是以連結論（Connec-tivism）為依據，強調學習者透過社會網路學習，簡稱為 cMOOC。

Udacity、Coursera 與 edX 是組織營運或校際聯盟型態的 MOOCs，簡稱為 xMOOC。目前的 MOOCs 大多是 xMOOC。

(四) MOOCs優點

以組織面來說常見如下：

1. 增加機構、組織、單位的能見度。

2. 推動教學創新並提供多元學習機會。

3. 多元教學應用互相搭配，提升學習成效。

4. 開創更多生源並增加額外收入。

對教學團隊而言有如下之優點：

1. 可為教學團隊在職進修之資源，進而轉化為給學習者多元教學內容。

2. 發展之教學資源可重複使用、修改、混搭多元運用。

3. 可大量觸及潛在學習者，蒐集更多元的學習歷程資料進行分析，掌握學習情況。

對學習者而言：

1. 不受限於時間、空間，學習設備門檻低，可隨時參與課程。

2. 師生線上互動，有更多的延續感動。

(五) MOOCs導入需思考

MOOCs 不全然是優點，對組織來說可能有些問題需思考，常見如下：

1. 需定期投入相關之經費與人力，始能長期營運。

2. 設備、技術需不斷精進。

3. 倘若在校之學生透過 MOOCs 自主學習，能得到一流大學的學歷證明，那麼校園存在的意義即是大學的危機。

對教師來說：

1. 課程設計思維與以往的教學型態有大幅度的變化，對教師是一大考驗，每個階段之工作，例如平臺操作、教學設計、教材製作、線上經營、資料分析等都是新的挑戰。

2. 數位教材的設計與製作相當多元，尤其教師若需於攝影機前上鏡教課，對於此知識傳遞的型態不甚熟悉，不見得能發展出合宜的教材。

3. 相較於傳統課程，MOOCs 課程的實施，教師需投入較多的心力與時間經營線上互動。

對學習者而言：

1. 可能因不熟悉數位科技的使用或科技應用技巧能力不足、語言的限制、時差問題無法即時參與社群討論等因素而中斷學習。

2. 容易因內外在因素，而放棄學習，也因此課程常有高中輟率或高未完成率之問題。

也因此，若以 Albert Humphrey 所提出的 SWOT 分析法來看，評價 MOOCs 的優勢（Strengths）、劣勢（Weaknesses）、競爭市場上的機會（Opportunities）和威脅（Threats），如表 1，可供機構用以制定組織發展策略前對本身進行深入全面的分析以及競爭優勢的定位之參考。

表 1　MOOCs SWOT 分析參考

Strengths優勢	Weakness劣勢
優質學習資源開放共享，促進教育公平。 學習方式多元且課程註冊不限人數，可增加能見度與生源。	發展與維運需投入許多人力與資源，但課程中輟率高，投資與回收不見得成正比。 課程的品質與成效、學分學位的授予尚有許多爭議。
Opportunities機會	Threats威脅
學習者的學習行為與習慣不斷改變，市場上已有穩定的平臺支持，先行推動佔得一席之地，迎接數位化學習時代，具有競爭力。 與外部機構合作，創造更多元之應用，並提升學習成效。	可持續發展的商業模式尚在發展中，未來還難以預料。 課程發展、實施流程創新，對傳統高等教育有較大的衝擊。

(六) MOOCs與SPOCs的差異

MOOCs 強調大規模開放，更多的師生互動以及同儕互動學習，同時將學習自主權以及學習的節奏交還給學習者，是一個使教育公平化的一種自主學習模式。

而 SPOCs（Small Private Online Courses），意指小規模翻轉教室線上課程，相對於 MOOCs 課程的大量性及開放性，SPOCs 意指學習者人數有限制且多為

開讓機構的內部學習者，其基調是「MOOCs 教材」加「實體教室」，也就是一種善用 MOOCs 資源融入翻轉教學的混成課程。SPOCs 的授課形式教學者較能掌握學習者的學習過程，也較能提升師生的互動體驗。

一個機構可能會發展一些 MOOCs 經典課程，開放給全球學習者，同時也依機構教學需求開發 SPOCs 課程，照顧機構內部學習者，提升教學成效。

(七) MOOCs挑戰

雖然國內外已有成功的 MOOCs 案例，但對於決定要導入的機構來說，尚有一些挑戰需要面對，例如：

1. 如何釐清組織中各單位在課程中的職責？

2. 如何建立學校及組織之學分或時數的認列標準？

3. 如何推廣讓各機構認可 MOOCs 課程？

4. 如何提高修畢課程的人數比例？

5. 長遠發展需要什麼營運模式？

二、MOOCs 發展現況

(一) 國外MOOCs發展現況

知名的 MOOCs 平臺有 Coursera、edX 與 Udacity 等。

Coursera 由史丹佛大學 Andrew Ng 和 Daphne Koller 兩位教授共同成立，Coursera 與美國及全球頂尖大學合作，如耶魯大學、賓州大學、臺灣大學、北京大學、南洋理工大學等超過一百所大學與教育機構。

edX 由麻省理工學院與哈佛大學共同發展，為非營利聯盟，與北美、亞洲、歐洲頂尖大學合作，是開放課程平臺，提供程式碼供夥伴機構使用。

Udacity 源自史丹福大學 Sebastian Thrun 和 Peter Norvig 兩位教授的人工智慧課程，有別於 Coursera 與 edX 的課程來源，Udacity 與個別學者、領域專家、企業合作產製課程，也與 AT&T、喬治亞理工學院合作碩士課程。

(二) 國內MOOCs發展現況

因應 MOOCs 國際熱潮，為提供全民教育公平、開放、自主的學習機會及發展具特色之 MOOCs 課程，教育

部於 2013 年 2 月宣布之四年「數位學習推動計畫」中，提出「推動磨課師（MOOCs）計畫」，促進臺灣 MOOCs 發展，鼓勵各大專校院以校務角度投入，發展 MOOCs 課程與相關支援機制。

課程發展方面，因上述教育部計畫之補助，2014 年開始至 2018 年 4 月，臺灣有 63 校共計 345 門課程，以 MOOCs 課程進行授課。各大學也積極參與並舉辦 MOOCs 相關研習。

2015 年，教育部持續鼓勵創建 MOOCs 課程外，也鼓勵各校活用已建立的 MOOCs 課程資源並規劃彈性多元的應用模式，以擴大 MOOCs 課程應用範圍並加速 MOOCs 典範移轉。2017 年磨課師計畫辦公室藉由甄選磨課師標竿課程，以展示各學校推動磨課師之推動成果，促進校際觀摩學習與交流，並鼓勵大專校院及其教師持續投入。競賽入選之 22 門課程，註冊人數超過 56 萬人次，更有提供高三先修、校內採認學分、國際姊妹校推廣等多元應用，足堪楷模。且藉由公開頒獎典禮，促使外界瞭解磨課師推動，亦鼓勵獲獎教師與學校持續投入。另配合新南向政策，更有聚焦於新南向國家需求的新南向系列課程，將專業知識，推至泰國、越南、印尼、馬來西亞等國。不僅提高高等教育能見度，授課教師與課程團隊也能累積多元課程開發與經營之經驗，進一步回饋到課程設計。

學習平臺使用方面，臺灣目前常見有 ShareCourse（學聯網）、ewant（育網）、TaiwanLIFE（臺灣全民學習平台）與 OpenEdu（中華開放教育平台）等平臺。

跨平臺合作方面，臺灣大學已於 Coursera 上開設數門課程；臺灣師範大學、北京師範大學及華中師範大學合作 MOOCs 線上學習；交通大學與空中大學合作建立「TaiwanLIFE 」平臺，並讓 ewant 及 TaiwanLIFE 兩個平臺功能可以互通，允許不同平臺共享課程。

三、MOOCs 智慧財產權

(一) MOOCs著作權議題

MOOCs 課程之開發，涉及很多著作、法律關係，整個課程是一個獨立著作，其中使用了教學者的上課演講、自製的教材、出版社之書籍或他人之影音、圖片等等。如果再加上學習者互動過程中的意見、作業或提供的他人資訊，就更為複雜。

為了方便 MOOCs 課程後續利用，必須先釐清以下著作權議題：

1. MOOCs 課程權利歸屬：因為 MOOCs 課程是由機構整合教學者、製作技術、學習者等各方人員所完成的綜合成果，所以要確認誰是整個 MOOCs 課程的著作人及著作財產權人。

2. MOOCs 課程之授權利用或合理使用：整個 MOOCs 課程中使用到很多人的著作，有些是透過授權，有些是屬於合理使用而無須取得授權。在授權方面，又可區分為一般授權、創用 CC 及法定授權，各有不同狀態與條件。在合理使用方面，必須其利用合於著作權法合理使用規定，才能免除授權責任。

(二) MOOCs合理使用

著作權法先賦予著作人著作權，但為公益之考量，又以「合理使用」規定限制著作財產權之行使。

根據著作權法第 52 條：「為報導、評論、教學、研究或其他正當目的之必要，在合理範圍內，得引用已公開發表之著作。」這項「合理使用」之「引用」，可以被適用於 MOOCs 課程利用他人著作之情形，「引用」之後，更可以在網路上公開傳輸。

但「合理使用」的判定變化多端，法律規範也無法明確，看似很模糊不清，其實，是否構成「合理使用」，

是比較性問題，只要越往合理方向利用，就能提高合理性，降低侵權風險。

合理使用的第一要點就是要註明出處，不過要注意，註明出處不等於合理使用。因此合理使用的內容，必須是為了教學的目的，且須在合理範圍內。簡單的說如果自己的東西多引用的部分少，不要集中特定的來源、不要集中特定的作者、特定的書籍、特定的出版社，並且註明出處，較具有合理使用的空間。

(三) 創用CC授權利用

「創用 CC」的制度是在使著作財產權人就他所享有的著作財產權，透過「創用 CC」所預先設定的授權條款，單方面、廣泛地、制式地授權他人利用，利用人只要依授權內容利用其著作就可以，雙方不必再洽談授權，兩相節省授權的繁瑣，可以促進著作的廣泛利用。

「創用 CC」授權包括「姓名標示」、「非商業性」、「禁止改作」以及「相同方式分享」四個授權要素，如表 2 所示，共組成六種授權條款，如表 3 所示。

表 2　創用 CC 授權要素

姓名標示 Attribution	非商業性 Noncommercial	禁止改作 No Derivatives	相同方式分享 Share Alike
・著作人允許任何人利用這項著作，但應按照著作人指定的方式表彰其姓名，且不得藉以暗示利用人與著作人有任何關係。 ・所有的創用 CC 授權條款，都應包含「姓名標示」的授權條件。	・著作人允許任何人利用其著作，但不得為商業目的使用該著作。 ・若希望對著作進行商業利用，應另外與著作人洽商授權。	・著作人允許任何人利用其著作，但不得改作其著作。 ・如果要依據原著作改做成衍生著作，應另外與著作人洽商授權。	・著作人允許任何人利用其著作，但改作其著作而產生的衍生著作，必須採用相同的創用 CC 授權條件，或經創用 CC 組織認證相似、相同的授權方式。 ・「相同方式分享」與「禁止改作」，無法並存於同一個創用 CC 授權條款。

表 3　創用 CC 授權條款

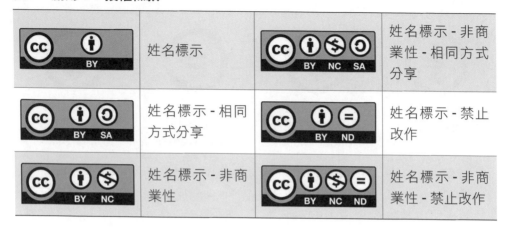

	姓名標示		姓名標示 - 非商業性 - 相同方式分享
	姓名標示 - 相同方式分享		姓名標示 - 禁止改作
	姓名標示 - 非商業性		姓名標示 - 非商業性 - 禁止改作

做為利用人，透過清楚標示於作品上的創用 CC 授權標章，可以知道創作人對該作品的使用要求與限制，以合法且合於創作人意思的方式適當地使用該作品，就不會有逾越授權範圍而構成侵害著作權的危險。

當然，各機構創作的 MOOCs 課程也可標示「創用 CC」，能有助於課程的推廣。至於要使用哪一種標示，可以自己決定。例如，「姓名標示」、「非商業使用」、「禁止改作」。不過，一旦使用「創用 CC」授權，依照規定就不可以撤回，否則利用人利用到一半，會因為著作財產權人的撤回而造成困擾。

臺灣版「創用 CC」計畫是由中央研究院資訊科學研究所負責建置執行，有關「創用 CC」詳細的法律規範及實務建置作業，可以至該計畫網站（網址：http://creativecommons.org.tw）查詢。

除了使用創用 CC 授權素材，也可以使用 OER（Open Educational Resources）開放授權的教材，例如中華開放教育聯盟建置的 OERS 網站是以開放授權 (Open License) 方式，可瀏覽或取得其最新的電子教科書、課程影片、素材等資料，讓世界各地的教育者及學習者都能夠免費使用重製、使用、修改與分享線上教育資源。

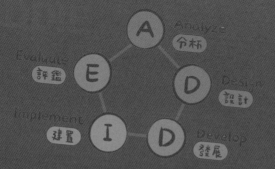

MOOCs 導入

磨課師教學設計指引

一、導入前思考原則

MOOCs 課程不只衝擊高等教育產業，也影響終身學習產業，甚至影響未來的中小學。各機構決定是否導入 MOOCs 前，可多思索：為何想發展 MOOCs？MOOCs 如何提升機構現有價值？是否有可行的獲利模式？可參考以下幾點發展原則。

(一) 多元化

已導入 MOOCs，或過去有豐富的數位學習經驗的學校，可發展跨校、跨組織、跨單位之交流合作，通過整合現有資源、共同投注資源規劃、進行製作與共享課程智慧財產權。

例如：宜蘭大學提出「泛太平洋磨課師課程共享模式計畫」，由臺灣東部之宜蘭大學、東華大學、臺東大學、淡江大學蘭陽分部與花蓮慈濟大學組成五校磨課師課程聯盟，藉此推動聯盟之間的課程共享，最終成為各校之共同課程，以達到各校相互承認課程學分的願景。

或是課程可由多所學校的教授，邀請外界專家，或是與外部機構合作，共同設計規劃課程，使課程更具產學合作的實務推廣效益。

例如為促進大學教育與產業專業能力接軌，友達光電與致理科技大學合作開發面板產業先修課程，希望藉

由線上專業課程先修、線下企業實習參訪，以產學合作方式促進學生提早與產業接軌。

例如：淡江大學「物聯網概論」，不但由五校六位教授一起錄製，更邀請五位業界專家共建課程。

可與不同機構簽訂合作協議，以各校擅長的師資及課程特色作為合作標的切入市場，積極與國內外機構進行各項合作。如：針對師培課程，建置與推動開放式師培 MOOCs 課程、會員交流、共同推動教育雲、MOOCs 平臺技術、回饋 MOOCs 開發建議、共同授予修課證明等。

例如：臺灣師範大學與北京師範大學、華中師範大學簽訂合作協議，以三校擅長的師資培育及通識課程特色合作切入兩岸市場。

可建立 MOOCs 跨校選讀機制，只要通過課程結業要求，就能取得聯合認證證書。若能建立 MOOCs 課程的學分互認體系，鼓勵校際選課、互認學分與轉換學分，對於 MOOCs 課程的推廣將更有利。

例如：清華大學「清華 MOOCs」邀請北京清華大學共同合作，且於 2014 年臺灣聯合大學四校合作推出「UST MOOCs」，建立 MOOCs 跨校選讀機制，只要通過課程結業要求，就能拿到臺灣聯合大學四校的認證證書。

可打破以單門教材為限的現狀，以短中長學程、學系、學院為著眼點，在推廣時也拆組不同課程共同宣傳。例如：「清華 MOOCs」於 2014 年推出於資訊工程微學程、神經科學微學程、基礎科目微學程。

可思考課程用途，提供不同單位應用。例如：臺灣科技大學「自媒體傳播」課程，除了提供臺灣科技大學「溝通與表達」課程同學複習觀看或下載，也同時成為工業局指定全臺灣輔導觀光工廠觀看學習自媒體行銷操作的課程、思翱夫子學院數位教育指定課程、PMI 專案管理學會 PMP 行銷實務之參考課程。

又如，中正大學結合了高苑科技大學、中華科技大學、中華醫事科技大學三校，由教學者自行選用「易數邏輯」中與其教材主題契合之單元學影片導入學分課程。

(二) 彈性化

MOOCs 課程規劃應以全民教育為考量，思考高中生、大專院校生和成年人的教育需求，開發多元課程。且教材應以元件化、模組化方式錄製，方便依不同使用目的組合。

為精進現有 MOOCs 課程及提高課程利用率，應發展多元彈性 MOOCs 課程應用模式。可因應不同學習需求，規劃自學、導學、混成學習等模式，以擴大

MOOCs 應用範圍，鼓勵學習者利用課程資源自主學習如：研擬多元學分授予方式。

以雲林科技大學「2D 動畫製作」為例，由臺灣清華大學推薦於北京「學堂在線」平臺開課，並分別與「彰化縣大慶商工」、「雲林縣斗六家商」及「彰化縣文興高中」三所設計科別高中職進行課程翻轉教學，並舉行了四場「高中職教師專業職能研習」，傳授製作動畫課程的教學方法。

除了以全民教育考量出發之外，教學團隊亦可根據教育部「專科以上學校遠距教學實施辦法」規定，使用MOOCs 資源開設遠距教學課程。遠距教學係指師生透過通訊網路、電腦網路、視訊頻道等傳輸媒體，以互動方式進行之教學。而遠距教學課程，指每一科目授課時數二分之一以上以遠距教學方式進行者，設計線上同步、非同步等教學活動，且須配合實體面授。

例如致理科技大學教學團隊，運用原開發之 MOOCs on MOOCs 磨課師課程之影音教材，置於校內的學習管理系統，於多媒體設計系開設遠距課程，透過建置混成教學計畫、作業、評量及討論區活動並經營，依不同使用目的彈性運用。

由上述可知，MOOCs 課程可作為教育部遠距教學之彈性運用，但遠距教學時數須符合教育部「專科以上學校遠距教學實施辦法」規定，且另行規劃適當之教學活動。

(三) 國際化

例如可與國際教育機構如 Coursera、edX、FutureLearn、Udacity、Udemy（依字母順序排列）等建立交流平臺，協同開發推廣課程，並積極爭取加入國際 MOOCs 各辦學組織。

例如：臺灣大學於 2013 年獲邀至 Coursera 開課，清華大學於 2013 年加入學堂在線（xuetangx.com），致理科技大學於 Udemy 開課，臺北醫學大學加入 FutureLearn 等。

(四) 特色化

以學校來說，可推廣各校特色專業課程，或各校聯合發展基礎課程、通識課程、華語文課程。例如：共同錄製微積分課程，再依各校各系需求，組成理工科微積分、商管科微積分、微積分基礎入門等課程。

亦可與產業界聯合發展臺灣具有競爭力之知識技能主題課程，例如：半導體、紡織、餐飲服務、造船等。並依產業需求，應用 MOOCs 課程與翻轉教室作法，規劃專業系列課程及實務養成訓練，培訓產業需要人才並授與課程通過證明。

(五) 永續經營

思考前四項原則的同時，應加強學習市場之商業營運，依狀況建立課程收費、認證收費、學分收費、非學習者身分收費、基礎課程免費但進階課程收費等機制，或規劃各種獎勵優惠辦法，且教學實施和學費收取皆應考慮到弱勢學習者。

臺灣 MOOCs 目前大多以學校為發展單位，因為需要投入大量的人力物力資源。許多想開課的教學者，在學校無法支持的情況下，可尋求跨校合作共同開發課程或與特定產業公會合作，創造證書收費機制與價值。而企業界的應用也愈來愈多，亦是合作的方向。

二、推動組織架構

(一) 機構自身MOOCs組織架構

為有效推動計畫與協助授課教師發展課程，機構應提出推動 MOOCs 課程之組織架構、功能角色及運作機制，整合數位學習、教育及智慧財產權團隊之專業，建立分工合作的支援系統，提供行政、技術、及硬體方面之支援，期許團隊發揮最大效益，落實計畫之執行與應用，以協助教師發展課程與機構經營課程。

在大專院校方面，推動組織架構依共通點、負責單位、其他支援單位及功能角色，列舉說明如下。

1.共通點

除邀請該校能整合運用資源者擔任計畫主持人外，多增設 1~2 位共同主持人及執行長（後者為主要執行 MOOCs 業務者）。

2.負責單位

主要可分為三大類：

(1) 成立新專責單位

例如：組成一執行團隊，由一主持人及執行長統籌，依工作項目成立各小組，支援課程開發相關事宜，如圖 1。

各校及組織之工作需求不同，專責單位架構應依各機構需求調整規劃。

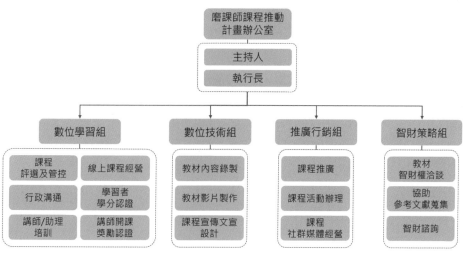

圖 1　新專責單位推動組織架構圖

(2) 於既有單位下執行

例如：由校內或組織原有單位執行，常見如由教學發展中心、教務處、人資部門或相關教育部門組成計畫執行團隊，如圖2。

各機構現有組織結構不盡相同，應由各校或組織規劃合適之推動架構。

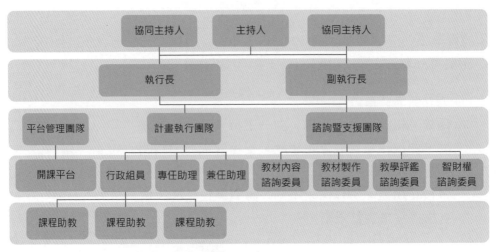

圖2　既有單位組成推動組織架構圖

(3) 整合既有校內各單位共同推動

常見由教務處、電算中心、教學資源中心、師資培育中心、數位學習中心等合作，整合單位之資源，合力推動。

3. 其他支援單位

　　由校方投入資源支持,透過支援團隊協助推動,如
圖 3,由各行政單位、學術單位、攝影團隊、智財團
隊及平臺團隊等支援。

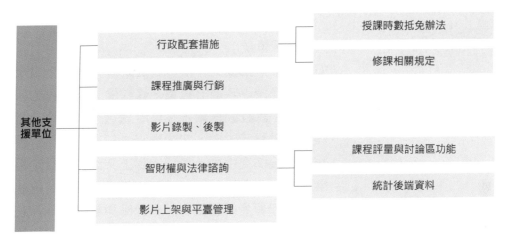

圖 3　其他支援單位推動組織架構

4. 功能角色

　(1) 計畫主持人及執行長

　　　一專責單位成立通常是由計畫主持人統籌,以大
學來說,計畫主持人通常為校長或副校長,並由
執行長協助推動執行,當然有時依課程需求不
同,亦會由教師擔任主持人。主持人或執行長主
要負責規劃計畫執行方針、召集或成立相關組
織、行政協調、相關配套措施設立、資源統籌管
理與調度及管考機制建立等。

(2) 負責單位

例如，有些學校由教務處擔任負責推動的單位，主要統籌課程的遴選，遴選課程後，協調參與的教師與製作團隊，但各學校或組織之負責單位不盡相同，應由各機構自行規劃推動策略。

(3) 其他支援單位

如行政單位主要工作項目為擬定課程推動相關規定，像是授課時數之抵免、修課學分或時數認列等辦法；課程製作單位在課程遴選後，與教師討論課程重點及方向，完成課程之拍攝與製作；課程完成後將交由線上帶領團隊上架課程、設定相關測驗、作業及討論等功能，並於課程結業後統計分析學習者學習資料，供教師與製作團隊調整及修正；課程推動與行銷單位則協助各課程推廣方案規畫，像是社交社群貼文、實體宣傳、網路廣告推播等；當然在各個環節都需要智財團隊提供諮詢或審核之服務。

(二) 跨機構MOOCs組織架構

若跨機構合作，應有合作模式，並成立跨機構協調小組以利彙整資源，小組人數與職務視跨機構狀況而定。例如，空中大學為發展優質課程，結合不同學校與教學者的專業，邀請校內教學優良之教師以及校外知名學者，獨立或共同主講開課；並且加入交通大學推動的「通識教育磨課師」的跨校合作計畫，與夥伴學校

共同分享彼此的優質通識 MOOCs 課程，提供學習者更多元彈性的通識教育機會。

三、資源投入與配套辦法

(一) 資源投入

機構應提出 MOOCs 課程相關資源規劃，其資源投入應足以符合授課教學者課程運用需求，如課程設計、教材製作、教學輔導、課程推廣、課程經營、專業人才聘任等。如：

1. 課程設計製作團隊：協助教學者進行課程規劃、教材影片之設計、拍攝及後製作；若有特殊互動設計，需加入程式設計師；且最好有專案經理人負責管控調度資源、時程、人力、品質等。

2. 錄製軟硬體設備：包含錄音錄影之空間、器材、電腦設備與相關軟體。可參考第伍章第三節〈自製教材案例與開發流程〉與第伍章第四節〈協力教材錄製—設備確認〉。

3. 線上教學帶領團隊：協助教學者進行教學、上傳資料、問題討論帶領及作業批閱等經營工作。

4. 教學知能輔導：協助教學者進行課程設計與規劃、知道平臺功能及操作方式、分享教學技巧與經驗、瞭解智慧財產權合法運用機制等。

5. 委製經費：除教學者自行錄製或由組織團隊協助錄製外，若部分內容需要委製者可另行提供經費。

6. 智慧財產權團隊：提供教材製作時智慧財產權疑慮之釋疑及取得合法版權之程序建議。

7. 相關資源網站：提供 MOOCs 與課程發展相關網站連結、研討會訊息、內外部表單、影音資源、智慧財產權資源、線上社群粉絲專頁等。

(二) 行政配套措施

應規劃相關輔導機制與行政配套措施，以大專院校為例，可制訂製作經費補助、常態與臨時教學助理申請、鐘點費補助、教師升等獎勵、教師評鑑、教學評鑑、修課辦法、教師授課辦法、學分授予、智慧財產權合法運用機制、授課時數抵免及學習者修課相關規定等，以鼓勵校內教師參與發展，並吸引學習者修習。以下分為三大類說明：

1. 教師鼓勵機制

   如鐘點費加給、授課時數減免、升等或評鑑獎勵、教學創新獎勵等,以下就常見的鼓勵機制進行說明舉例,各校或組織應依據該機構規定之辦法實施。

   (1) 鐘點費加給

   鐘點費加給依據錄製及開課,常見可分為教材錄製鐘點費及教師授課鐘點費,教材錄製鐘點費常見核定方式為教材成品經由相關單位審查通過後,以教材成品時數之 4 至 6 倍鐘點費計算;教師授課鐘點費常見核定方式則是在完成開課後,以該課程影音時數之 1 至 3 倍鐘點費計算,且不列入教師授課鐘點費,但各機構執行狀況不同,應視需求及規範自行擬定辦法。

   (2) 授課時數減免

   完成開課後,開課教師可申請減授基本授課鐘點時數,且可選擇於開課當學年度或是下一學年度減免,各機構可視需求及規範自行擬定辦法。

   (3) 升等或評鑑獎勵

   學校可依擔任職責,如:參與錄製之主講者、協助課程規劃、教材開發、線上經營者等;亦或是以推動行為,如:配合校內推動,於指定平臺開

課並經營、精進及優化已開課之課程，經由相關單位審查認可後，予以年度教師評鑑加分或其他獎勵。

(4) 教學創新獎勵

應用於校內開課課程，由開課教師配合教學單位或學院政策研發創意之數位、適性等教材，經相關單位審查通過後給予獎金獎勵。

2. 課程推動機制

如學分或時數授予辦法、修課證明等。

(1) 學分或時數授予辦法

MOOCs 學分的認可，可由各校參照《大學法》、《學位授予法》、《專科以上學校遠距教學實施辦法》等相關規定，在學校現行體制內酌予調整，制定 MOOCs 選修學分抵免辦法，相關規定有：抵免時效、學分取得規定、證明文件、校內／校外抵免細則、學分收費方式、學分抵免承辦單位等。

亦建議尋求跨校學分抵免合作夥伴共同研擬方案，並視狀況適時增修其施行細則，使其合法、適法。俾激勵在校生修習 MOOCs，進而藉以提升和養成其自主學習的能力與習慣。

校內學生可修習校內開設之 MOOCs 課程或由相關單位認定之他校 MOOCs 課程，經由開課教師

評核考試成績合格者，核發課程學分證明，或依校內抵免學分辦法，經所屬單位同意辦理抵免。

非校內學生修習校內 MOOCs 課程，欲取得學分者，繳交學分費用，經由教學團隊評核考試成績合格者，核發課程學分證明。

其他組織則可公告機構認列時數之課程，供相關人員進修所需之課程，經由開課團隊認定學習者完成課程後，頒發結業證明，依規定流程申報給相關單位，已取得認證時數。

(2) 修課證明

依據各課程規範之結業標準，學習者依據規定完成各評量項目，於課程結束後，由教學團隊評核考試成績，達合格分數者可取得修課證明。

3. 智慧財產權審核機制：

如課程外來素材清單、授權同意書、智財諮詢服務等。

(1) 課程外來素材清單

為確保課程發展過程所引用之素材沒有智財權相關問題，應由教師及課程開發團隊製作課程外來素材清單，清單應紀錄該素材用於哪一主題、主題名稱、單元名稱、素材名稱、應用位置、素材類型、來源出處及授權證明資料／條件等說明，如表 4，以利審核確認。

表 4　課程外來素材清單範例表

週次	主題	單元名稱	素材名稱	應用位置	素材類型	來源出處	授權證明資料/條件
				OOO(課程名稱)素材來源列表			
週次	主題名稱	單元名稱	素材名稱	影片(影片網址、素材運用在影片中的秒數)、議題、測驗、作業…	圖片、照片、音樂、音效、文字著作…	自製、網路載圖(下載時間、下載網址、網址頁面截圖)、著作財產權人授權…	授權書、創用 CC 授權條款/條件…
3	教材開發_共通基礎	3-1 多媒體素材來源與應用	波斯菊	影片網址：https://www.youtube.com/ ..... 影片 1:00-2:10	照片	網路素材(2016/11/3下載)https://www.flickr.com/photos/kanegen/3950632952/(下載網頁截圖見附件1-波斯菊授權網頁截圖)	創用 CC 授權 授權條件：姓名標示 By：kanegen

波斯菊
授權截圖

(2) 提供不同對象之授權書

要開發一門數位課程無法由一人獨立完成,需要多方團隊共同合作才能順利開課,因此為保護各方權益,應在製作過程中確實簽署相關授權書,包括在開發前應先取的授課教師、製作團隊成員、外部參與者及內容提供者簽署之著作利用同意書;決定開課平臺後與平臺簽署平臺合作合約書;在拍攝過程中,若需取景拍攝,應取得館所拍攝同意書;若在後續欲引用修課之學習者發表的言論或作業,應於註冊時請學習者同意著作利用後再註冊,而以上授權文件,同意書比合約書更為簡便。

授權同意書及合約都應清楚註明授權規範,如著作財產權歸誰、著作人為何人、完成之課程若需推廣應用,應向誰取得授權、取得授權後是否能再授權他人使用等,詳細授權條件應視各機構需求及雙方約定訂定。

(3) 智財權檢核機制

課程教材使用素材之智財權應先由教學者自行檢核,在撰寫內容的同時建立素材清單,詳細註明欲使用之素材是否為自製完成或引用素材,並註明出處,若非自製素材,則由課程開發團隊確認是否為創用 CC 授權、授權條件是否符合課程需求及引用標示是否正確,若非為創用 CC 授權素材,則由開發團隊與教學者討論該素材使用之必要性、是否能重新自製,若為課程必要之素材且

無法自製，則由智財檢核小組與素材著作人及著作財產權所有人談判取得授權書，取得條件則視雙方約定而定，可參考圖 4 制訂組織所需的智財權檢核機制。

(4) 智財疑義諮詢服務

若需要智財相關資訊，可至磨課師智慧財產權諮詢平臺（http://ipr.taiwanmooc.org/）觀看相關內容，內容分類為「權利歸屬」、「參考範例」、「授權利用」、「合理利用」、「國外案例」、「影音專區」，可利用關鍵字快速搜尋，也可參閱「磨課師課程智慧財產權準則」、「著作權合理使用指導原則」、「磨課師課程智慧財產權自評表」及相關影音與文章。

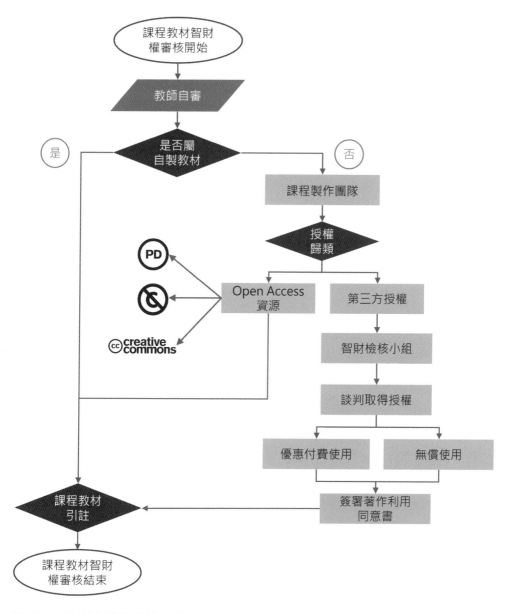

圖4　智慧財產權檢核機制範例圖

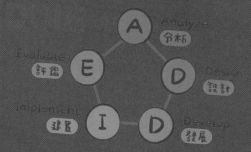

MOOCs 設計

磨課師教學設計指引

一、MOOCs 設計策略

MOOCs 是開放式且在線上實施的課程,只要適合以此方式進行教學與學習,並能達成學習目標的課程皆可開設。

設計 MOOCs 課程需瞭解 MOOCs 教學理念與執行要素,透過有效的教學策略及縝密的實施流程,才能獲得教與學的最佳效益。以下說明設計策略重點。

(一) MOOCs教學理念

MOOCs 的教學理念如下:

1. 線上學習(Online Learning)
   MOOCs 以線上學習為核心教學理念,透過線上學習將教學內容傳遞給大量的學習者。

2. 合作學習(Cooperative Learning)
   為能有效傳遞與經營大規模線上學習課程,同儕間的合作與互評在 MOOCs 教學中更顯重要。線上學習不僅需要透過同儕間的互動,建立學習夥伴關係、增強線上課程中的學習互動,更需透過同儕互評,即時給與回饋,增進學習成效。

3. 自調式學習（Self-Paced Learning）
   自調式學習的教學模式在於學習者能夠依照自己的
   速度學習，其關鍵的教學設計原則在於有明確的學
   習主題、訂定具體的學習目標、課程內容規劃依照
   學習的階段設計、並且配合各階段的學習目標設計
   評量，讓學習者能夠隨時掌握學習進度與成效。

4. 精熟學習（Mastery Learning）
   精熟學習的策略在於將主題內容劃分為小單元的學
   習活動，並且適時的進行階段評量活動，根據學習
   者的評量結果給予適切回饋及補充內容，經過不斷
   地練習與回饋，幫助學習者達到精熟的程度。

(二) MOOCs應用方式

MOOCs 常見的應用方式有以下二種：

1. 線上學習（Online Learning）
   如同 MOOCs 英文全文 "Massive Open Online Courses"
   所示與前述 MOOCs 之起源，MOOCs 課程是以線
   上課程為主體的授課形式進行，相關學習活動、作
   業繳交、評量測驗、合作學習與討論之策略，也都
   以純線上方式進行，Coursera、edX 等課程即為
   此種進行方式。
   MOOCs 線上學習又可分成導學型與自學型。導學
   型課程中，學習者按部就班、由淺入深地跟著教學

者的引領，閱讀教材並參與各項學習活動，一步一步建構完整的課程知識，但會受到開課時間的約束；自學型課程通常是長期在網路上開放，學習者隨報隨上，不受開課時間限制，學習進度安排由自己掌握，可重複學習、日益精進，但比起導學型課程更需要強大的學習意願才能完課。

2. 翻轉學習（Flipped Learning）

MOOCs 教學可以使用翻轉學習策略，翻轉學習源自於美國科羅拉多州林地公園高中（Woodland Park High School）的兩位化學老師，為了解決班上部分球隊同學因比賽缺課的問題，將課堂講解的內容錄製成影片放在網路上，方便缺課同學隨時觀看、不致落後課程進度。

進而擴大應用教學影片，將大部分講授的內容錄製成教學影片，改變教學模式，學習者在家先觀看講解影片，將有限的課堂時間用來進行課堂練習與分組討論，過程中教學者隨時給予學習者必要的支援與協助。

教學者的角色從講台上的聖者（Sage on the Stage）轉變為學習的引導者（Guide on the Side），學習者的學習由帶著疑惑回家轉變為帶問題到教室。

將 MOOCs 的線上課程做為翻轉學習中的課前預習，教學者以 MOOCs 重點式、模組化的線上課程方式錄製課程影片，學習者在平臺上進行預習，搭配實體課程中的學習活動與測驗，課後則可讓學習者於

MOOCs 課程平臺完成教學者指定作業，回答教學者
設計之問題、參與議題討論、同儕互評等活動。

臺灣有許多 MOOCs 課程使用此種形式進行，搭配
學校正式課程進行設計與規劃，教學者與助教統合
學習者作業、議題討論參與度、測驗成績，依照自
訂比例進行總評量，總評量成績達教學者訂定之通
過標準則授與「修課證明」。

例如：空中大學「初階行銷企劃與模擬經營」，與
德明財經科技大學行銷管理系合作，運用課程提供
的線上影音教材與線上模擬軟體的經營，讓學習者
驗證並強化其商場實戰能力，同時透過翻轉學習，
誘發學習者學習動機，透過自學找問題，再由討論
形成答案，藉由結合理論與實務的方式，落實培訓
學習者分析、判斷、決策能力之目標。

為使 MOOCs 課程推廣能有所成效，且提升機構現有
價值，建議在規劃 MOOCs 課程時，不要以單門教材
為限，可以思考如何發展機構特色專業課程、多元化
利用 MOOCs 課程、跨機構共同建置與推動課程、學
程地圖規劃、機構學習者相互交流、共同推動教育雲、
MOOCs 平臺技術交流、回饋 MOOCs 開發建議、共
同授予修課證明等。

二、MOOCs 課程結構

MOOCs 課程常見有四大結構要素，分別是教學計畫表、課程教材、討論與回饋以及測驗、作業與專題，分述如下：

(一) 教學計畫表

與傳統課程設計相比，規劃 MOOCs 課程之教學設計特色是以「學」為中心，課程設計必須針對不同層面之學習者學習、教材內容互動及自我學習方式等教學理念與執行要素，並考量學習者來源、背景與知識基礎、多元的學習風格，教學者可運用豐富教學內容表現形式及自我學習方式，引導修課學習者按照教學者的設計自我學習，並使用教學計畫表進行規劃，就一門 MOOCs 進行整體設計。教學計畫表主要說明課程學習進度及相關規定，可包含：

1. 課程概述：說明課程特色與學習要點。

2. 課程大綱：提供每週學習主題、單元影片名稱、討論活動、測驗評量作業等資訊，如表 5 所示。

表 5　課程大綱範例

順序	主題	教學單元影片(時數)	討論/活動	測驗/評量/作業
（1）	○○○	單元 1：○○○○○ （○○ 分鐘） 單元 2：○○○○○ （○○ 分鐘） 單元 3：○○○○○ （○○ 分鐘） 單元 4：○○○○○ （○○ 分鐘）		
（2）	○○○	單元 1：○○○○○ （○○ 分鐘） 單元 2：○○○○○ （○○ 分鐘） 單元 3：○○○○○ （○○ 分鐘）		

3. 簡介影片：又稱宣傳片，說明課程特色與學習要點、展示精采課程片段，以吸引學習者報名課程。

4. 授課教學者：姓名、照片、學經歷簡介、教授課程、個人網頁與相關連結。

5. 成績評定方法：配分說明、評分說明、及格標準、作業繳交與同儕互評要點、作業繳交與批改時程表、詳細流程注意事項、取得修課證明或證書的條件等。

6. 課程特點：本課程是否提供認證證書、應用多元的教學策略或融入新興科技，如虛擬實境、模擬學習、遊戲式學習等。

7. 課程訊息：近期班次時間、授課週次、每週學習時數、語文版本、教學影片字幕語系等。

8. 授課形式：教材、作業、討論、測驗等學習內容說明。

9. 課程領域：課程所屬領域。

10. 先備知識：是否需要先修知識、建議之先修知識與課程。

11. 常見問答：是否有修課證明、修課所需資源、學習收穫…等。

12. 相關課程：與本課程學習領域相關之推薦課程。

13. 參考資源：與本課程學習領域相關之書籍、期刊論文、網站…等。

(二) 課程教材

建議提供於平臺上播放之教學影片，影片中可含互動練習或利用平臺功能建構單元測驗題。

另可搭配投影片、補充講義、參考資料，或提供離線下載學習資源。

有些導學型之 MOOCs 課程會於課程結束後，另外將課程放置於平臺轉為自學型課程供大眾隨時瀏覽學習。

(三) 討論與回饋

學習者可透過討論區與教學者、線上教學團隊及同儕互動，一般課程內的討論會於平臺內進行，也有部分課程學習者會自主地發起因所在地、年紀、文化等不同背景的學習圈，利用 Blog、Facebook、Line、Twitter 等工具互動。

課程討論區主題分類愈清楚，愈能幫助學習者檢閱資訊，可以分為以下幾種主題類型：

1. 課程規定討論：課程規定學習者需回答之討論議題。

2. 每週講述內容討論：討論跟各週課程講述內容有關的問題。

3. 一般內容討論：學習者可發表任何想跟大家分享的想法。

4. 系統錯誤回報：學習者可反應系統操作功能、學習記錄的問題。

5. 教材疑義討論：學習者可提出影片、講義、參考資源等的問題討論。

6. 作業問題討論：學習者可發問跟作業有關的問題。

7. 結業資格與證書討論：學習者可提出任何有關結業資格與證書的問題。

8. 常見問題整理：教學團隊就學習者所提出的各式問題，整理問題與回覆張貼於常見問題討論版中，供學習者隨時查閱。

議題討論可以盡量朝活潑、創意、彈性、案例研究、綜合應用的方式設計，以刺激討論風氣，避免只讓學習者回答教材中的標準答案。

(四) 測驗、作業與專題

作業與評量的設計，應盡量以應用、分析、綜合、評鑑等認知層級為主，減少單純知識、理解層級的內容，透過互相認識的討論區創造有趣的作業，讓學習者進行討論、互動。

在課程內穿插線上即評測驗、作業與專題的演練，可引導學習者思考、記憶或歸納應用該主題之學習內容。

MOOCs 除了是線上課程，還具有大量學習者「來自不同背景」的特性。由於學習者規模較大，相較於傳統課

程，較難由教師個人一一就作業評分，也因此 MOOCs 的特點之一為同儕互評，可善加運用於課程，使學習者透過擔任評分者角色，觀摩其他同儕的評量與作業，也可以提供被評分者相關回饋，增加學習者更多學習經驗。若要落實同儕互評機制，教學平臺必須支援隨機分配每位學習者批改其他學習者作業的功能，常見執行方式為學習者互評申論問答題與指定作業。若須由同儕進行評分，須清楚說明各作業的內容格式、評分原則、師生評分比例、繳交方式等，表 6 為說明範例，若以文字說明不夠清楚，可提供參考成品或補充說明資料。另可參考第伍章第二節〈發展測驗評量〉之內容。

這部分的完成度與能否取得結業資格有關係，應在教學計畫表中清楚說明配分比例。

表 6　作業與評分方式說明範例

項目	範例
作業說明	若您曾經規劃過磨課師課程，請依同儕互評指標，完善您的教學計畫表，或是不論有無規劃經驗，也歡迎規劃一門長度約 4-6 周可行之磨課師課程教學計畫表。
評分原則	依據 (1) 學習對象設定 ，(2) 課程單元目標撰寫 ，(3) 學習評量整體設計， (4) 議題討論設計 等四項標準進行評分，每一項可有：不佳 (6 分)、普通 (8 分)、優秀 (10 分) 等三個級等。每個級等有詳細之標準，請學習者依此標準來評分。
繳交方式	請於 OO/OO 前將教學計畫表檔案轉成 PDF 後上傳至平臺「作業」區，並於 OO/OO 前至「作業」區完成四份同儕評量及自我評量。注意：每個人必須要繳交作業才能進入「互評」的階段，必須要評滿四份作業才能進入自評的階段。

三、MOOCs 學習平臺

學習平臺對於 MOOCs 執行順暢與否佔有關鍵性地位，為因應大量的使用者，須具備良好的系統效能、提供 MOOCs 學習模式的功能；應輔助教學者設計教學內容及具備各種學習管理功能；能蒐集分析及回饋教學歷程數據資料，以建立有效的回饋機制，協助改善教學者教學模式，使 MOOCs 課程達到教學目標並提昇學習者學習成效。

除平臺功能外，為保持教學者線上教學活動順暢，實施網路教學基礎設施的教學伺服器系統應備有充足之頻寬、軟硬體設備及人員服務，且對所有教材、教學活動及平臺系統，均能提供適當的備援及備份機制。

對於各身分使用者在平臺活動的所有資料，應提供防毒、防駭、檢核身分、監督流量等安全維護措施。平臺大多依角色不同，提供主要功能如圖 5 所示。

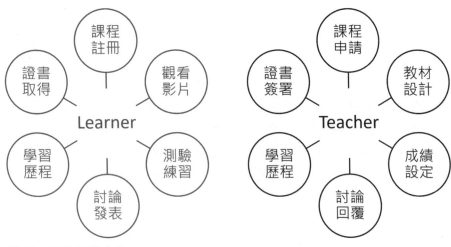

圖 5　平臺主要功能

（一）使用說明

學習平臺應於網站首頁提供學習者操作說明文件，且需另外提供教學者與管理者之操作說明文件，若能針對常用功能提供線上課程，則更能協助使用者操作平臺。

（二）教學備課功能

為滿足教學者教學備課的需求，以下以中華開放教育平臺為例，說明學習平臺通常具有哪些教學備課功能：

1. 單一登入（single sign on）：同一平臺上之課程，單一註冊即可學習。

2. 建立課程資訊：填寫完整的課程資訊，才能申請開課，如圖6、圖7。一般填寫的內容有課程目標、對象、先備知識、開課日期、課程圖片、課程影片、教學計畫表、教學者資訊、學習時數、授課語言、課程週數、是否提供字幕、字幕語言、是否提供修課證明等，這些資訊的完整性有助於吸引學習者報名。

圖6　中華開放教育平臺課程申請畫面圖（1）

圖7　中華開放教育平臺課程申請畫面圖（2）

3. 佈置課程內容：如圖8，可設定課程單元章節管理與
開放／關閉時間、上傳課程影片（最好能支援多個外
部影音伺服器、提供字幕、加速／降速觀看）、於影
片中加入練習題（Quiz in Video，部分平臺內建此
功能，有些需使用 JavaScript 自行嵌入）、離線下
載投影片、補充講義、參考資源，設計線上即評式
測驗（設定是否計分、計分比例、作答次數、回饋、
顯示答案）、指派作業、設定討論區、同儕互評與
作業配分比例等。

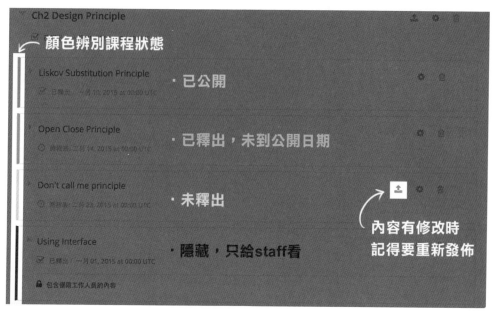

圖 8　中華開放教育平臺單元管理設定圖

4. 張貼課程公告：可提供修課注意事項、開課提醒或
　 是課程活動預告等。

5. 編輯線上問卷：可增刪修線上問卷，設定問卷啟用
　 與結束時間。

6. 檢視學習名單與學習歷程資料。

(三) 教學實施功能

此部分的功能主要與學習者相關,通常具備以下功能:

1. 閱讀教材:學習者登入後,於課程進行期間,可自由選讀指定教材、下載離線參考資源。

2. 討論課程議題回饋互動:學習者可回答教學者所指定之議題,亦可於部分討論區自行發起議題或進行提問,相關權限由教學者在開設討論板時設定,如圖 9。利用此功能,學習者可隨時與教學者、同儕進行交流互動。若平臺提供討論區訂閱機制,則能讓學習者掌握關心議題的最新訊息。更有平臺提供匿名發文的功能,讓學習者可以討論較敏感的議題。

圖 9　中華開放教育平臺討論區設定圖

3. 學習者上傳作業：學習者可於特定時間內上傳教學者指派之作業，可否重複上傳取代之前的作業，需視平臺功能而定。

4. 線上批閱作業：教學者可於線上輸入批閱成績，單筆作業分數可分次儲存，未完全確認送出前皆可重新登入修改，若有指定觀摩作業的功能則更佳。

5. 線上測驗：學習者可依教學者規定，在指定時間內單次或重複進行線上即評式測驗，考題可由題庫亂數選出，系統自動評分，成績以最高分計算。

6. 同步文字／影音討論：可由教學者分組，於指定時間內開設同步討論室，以文字或影音方式進行討論，或由學習者自行開設。教學者與學習者可檢視系統自動存檔內容。

7. 非同步文字討論室：可由教學者分組，於指定時間內開設討論室。

8. 同儕互評：教學者須先設定同儕互評的作業規則，指定互評人數與評分期限，由系統自動篩選負責評分同學。

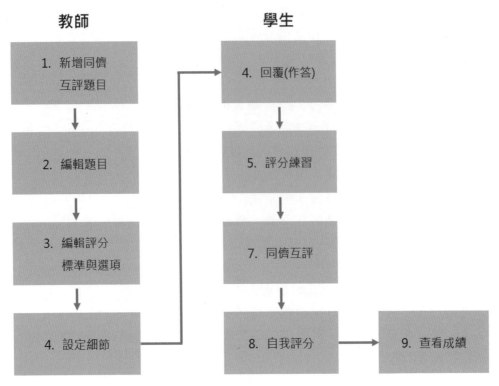

教師

1. 新增同儕
   互評題目

2. 編輯題目

3. 編輯評分
   標準與選項

4. 設定細節

學生

4. 回覆(作答)

5. 評分練習

7. 同儕互評

8. 自我評分

9. 查看成績

圖 10　同儕互評執行流程圖範例

9. 提醒功能：可由線上教學帶領團隊開啟各種提醒功
   能，例如：問卷、作業、測驗等，平臺將於繳交截
   止日前篩選出尚未完成的學習者名單，自動送出催
   繳 e-mail。

(四) 課程經營與管理

主要功能如下：

1. 訊息推播：線上教學帶領團隊透過個別或是群組的
   方式，發送課程相關訊息給修課學習者。

2. 學習歷程收集與分析：學習平臺應能按週或單元記
   錄學習者學習歷程，如圖 11，若能記錄學習者登入
   課程時間次數、瀏覽影片次數、瀏覽測驗次數、瀏
   覽教材次數、完成測驗次數、檢視作答結果次數、
   瀏覽延伸資源、瀏覽課程公告討論區次數、回應文
   章篇數、張貼討論區文章篇數等，並提供學習資料
   分析、查詢、統計與匯出功能，教學者與線上教學
   帶領團隊可藉此瞭解課程整體營運狀況與個別學習
   者學習情形，以作為現階段與未來再度開課教學調
   整之依據。

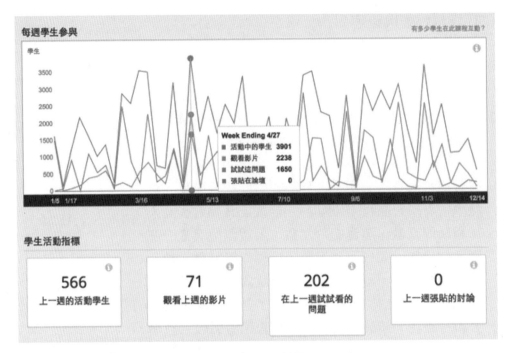

圖 11　中華開放教育平臺學習歷程收集與分析圖

3.證書簽署：修課證明內容包含證書發放單位、授課
　教學者、驗證證書真實性、QR code。目前多數大
　型 MOOCs 平臺與學習機構採用數位徽章 (digital
　badge) 的形式，在網頁上以互動的影像表示，鏈接
　到發行者及證書相關資訊，有利學習者展示自己所
　學之成果，如圖 12。

圖 12　中華開放教育平臺修課證明圖

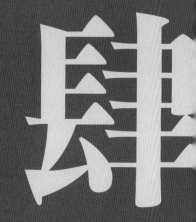

MOOCs 執行

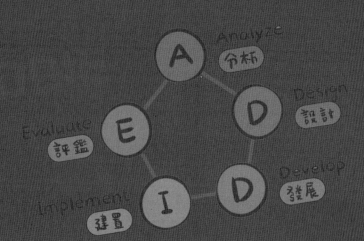

磨課師教學設計指引

一、MOOCs 執行流程

MOOCs 課程發展的每一流程皆是專案的重要環節，執行時可善用專案管理技巧，從一開始做好範疇規劃、估算資源與人力、制定進度表、設定里程碑、進行專案團隊分工，善用各種表單進行溝通管理、風險管理、品質掌控等，並召開定期會議以確保每個環節的品質與團隊共識。

執行流程如圖 13 所示，以下分述說明：

圖 13　MOOCs 執行流程圖

(一) 課程規劃

發展 MOOCs 課程第一步驟是進行課程規劃，可參酌第貳章第一節〈導入前思考原則〉，參考「多元化」、「彈性化」、「國際化」、「特色化」、「永續經營」

等原則設計課程，再設定單門課程之適用對象、進一
步擬定課程範疇與學習目標，依週次列出講授大綱。

課程規劃包含之內容如表 7 所示：

表 7　MOOCs 課程規劃表

課程名稱	Ex. MOOCs on MOOCs Level2
課程類別	Ex. 社會科學
課程教師	介紹課程講師基本資料，如現職、經歷及專長等，以助於學習者於註冊前認識課程講師背景。
課程簡介	說明課程的教學方向，可將開課原因及要讓學習者學什麼等課程資訊寫入。
課程目標	列出所有希望透過課程讓學習者達成的目標。
課程特色	描述課程特點，如講師群、課程進行主軸、呈現手法或是應用在課程中特別的教學方法、模式等。
適用對象	敘明課程欲推廣之目標學習者，此項內容應在課程規劃前就已分析並確認。
先備知識	學習一項新事物之前即已具備的知識。例如要學習三角函數，要先有平面與角度的概念，後者便是前者的先備知識。
開課週數	列明整門課程之開課時程或週數之相關資訊。
學習時數	可詳列每週學習者可能需要花多少時間在此課程學習，或是列整門課預估要花多少時間可以修習完成。
授課語言	說明課程主要使用的語言。

課程名稱	Ex. MOOCs on MOOCs Level2
字幕語言	說明教材影片字幕使用的語言。
課程大綱	依週次或主題,列出學習的單元、名稱等資訊。
結業標準	列出課程之計分項目,及結業規範。 Ex. 取得結業證書標準 ◎填寫課前、課後問卷 5%(所有欄位皆需填寫) ◎課前測驗 5% ◎影音教材閱讀 20% ◎每週之小試身手 15%(每題皆作答) ◎議題討論 15% ◎作業一:繳交作業並分享 10% ◎作業二:繳交作業並完成同儕互評 15% ◎期末測驗 15%(測驗達 70 分 (含) 以上) 上述結業標準,各項分數加總後總分達 70 分 (含) 以上,取得磨課師計畫辦公室結業證書。
預定開課期程	107 年〇月〜 108 年〇月 (可為多個)

學習目標須審視學習內容的分類,撰寫合適的學習動詞,對學習者透過教學後預期產生的變化,做出具體的描述。根據明確定義的學習目標,才能發展後續學習內容、策略與評量。學習動詞可參考表 8 由 Bloom 學者依認知歷程分類所訂的學習動詞表。

表 8　Bloom **學習動詞表**

教學目標層次與特徵	可參考選用的動詞
知識（knowledge） 對訊息的回憶	列舉、説明、標明、選擇、背誦、配合、界定、描述、指出、識別、依序排出、回憶
理解（comprehension） 用自己的語言解釋訊息	區（辨）別、轉換、解釋、歸納、舉例、摘要、分類、標出、表達、複述、推斷、翻譯、重寫、預估、引申
應用（application） 將知識運用到新的情境中	計算、演算、示範、操作、發展、預估、運用、套用、使用、連結、修飾、改編、轉譯、解決、建造
分析（analysis） 將知識分解，找出各部分之間的關聯性。	細列、圖示、細述理由、分辨、區分、評估、比較、對照、批判、推演、檢測、實驗、概算、差別、再認
綜合（synthesis） 將知識各部分重新組合，形成一個新的整體。	安排、蒐集、聯合、組成、計劃、企劃、總結、重建、重組、設計、編纂、創造、擬定、組織、處理、修改
評鑑（evaluation） 根據一定標準進行判斷	評量、評價、鑑別、對比、標準化、判斷、檢討、闡釋、證明、選擇、支持、預測、推測、結論、關聯、排序

機構可先就課程基本資料進行開課科目申請審查並確認師資，排定教材開發人力與時程，開發團隊角色與階段任務配置，依需求設計填寫人力工時排程表單，如表 9 所示，也可進一步參考本章第二節〈MOOCs 執行分工〉。

表 9 課程開發人力與時程表

課程名稱 \ 角色與姓名	教學者	教 材設計師	多媒體設計師	攝影團隊	開發時程
1					
2					
3					
4					
5					
6					
7					
8					

在此階段應思考該課程完課及修課證明之取得標準，並可依學習者不同需求，規劃收費標準。例如課程期間按照教學者設定的目標，如：繳交報告、參與測驗及團體討論，達成者能獲得修課成績。修課證明的效力根據各機構與課程的規定有所差異，修課證明的費用也依各課程規定而所有不同。例如目前國內外MOOCs之修課成績證明，可在指定之大學抵免學分。

但隨著各網路發展策略隨時依市場機制調整，表 10 內容僅供參考，最新方案請依平臺網路公告為主。

表 10　國內外 MOOCs 修課證明比較表

平臺	修課證明效力	證書範本
Udacity	過去 Udacity 將修課證明分為四個等級：修課完畢、優異成績、極優成績與最優成績，並透過職涯安置計畫（Career Placement Program）與工作媒合系統，將學習者學習履歷寄送給策略合作夥伴。自 2014 起，雖一樣可免費學習，但要取得證書就必須付費認證。月費 199 美元，收費期間提供助教與解題的服務。其認證方式為課程開始與結束時，皆由助教與學習者進行視訊來判定身分。	
Coursera	1. 課程證書（Statement of Accomplishment）通過課程的結業規定，則可獲得課程證書。	
	2. 簽名認證（Signature Track）Coursera 透過簽名認證機制，要求學習者在電腦攝影機前輸入文字，分析其用字習慣，並記錄課程中每一次作業的文字，以確保學習歷程為同一人完成；須額外支付美金 49 元，Coursera 認為註冊簽名認證課程的學習者將更有學習動力以完成課程。證書為 Coursera 與各大學聯名，具有唯一編號並可上網查證。此證書同時與 LinkedIn 連接，且提供修課記錄以利於學習者升學與求職之用。	

平臺	修課證明效力	證書範本
Coursera	3. 專業證書（Specializations） Coursera 將 3 至 9 門相同領域的課程結合為學程，通過了學程內的所有課程，再繳交美金 49 元即可獲得此證書。	
edX	1. 課程證書（Honor Code Certificate） 通過課程的結業規定，則可獲得課程證書。	
	2. 簽名認證（Verified Certificates） 學習者必須繳交 50-100 元美元的捐款，並提供身分證明文件、照片與視訊，edX 將在課程進行期間不定時要求認證，以確保學習者身分。 完成結業要求者可獲得 edX 與各大學聯名的認證證書，並提供網路查驗機制。	
ewant、Taiwan LIFE	完成學習規定可獲得電子修課證明，通過實體認證考試可獲得考試認證證明，證照上有編號、照片可查驗。	

雖然目前國內有許多的 MOOCs 課程是免費的，但仍可因不同認證、學分、實體考試等服務而收取適當費用，其收費標準可朝合理、提供學習者獎助學金、學習者中途退費機制及不收取額外費用等方向進行考量。

(二) 教材製作

確認課程大綱後，接著設計模組化教材，每一教材單元應提供一個完整的學習概念，利用精熟學習方式，協助學習者進行自調式學習，以完成學習目標。

進一步製作重點請參考第伍章〈MOOCs 教材影片製作〉。

(三) 招生宣傳

為推廣 MOOCs 課程，可根據課程特色、教學內容規劃與及課程經營方式，設定重點目標對象，吸引機構內外學習者，並開發潛力市場，鼓勵跨機構、跨組織、跨國聯合推廣，可利用多種行銷管道曝光推廣，舉辦宣傳活動並廣發宣傳消息，觸及各種族群。可以兩大方向進行宣傳規劃。

1. 以市場導向（目標對象為主）進行宣傳：建議區分為「機構對機構（類似 B-to-B 的思維）」之合作結盟、互補增能…等策略；以及「機構對不同類型的學習者（類似 B-to-C 的思維）」之提供學習時數、學分、專業證照…等策略。例如：機構教職員生、全國教職員生、一般民眾、公務系統、相關組織協會。

2. 以傳媒運用進行宣傳：如表 11，可區分為「人際的關係行銷或口碑行銷」、「傳統大眾媒體的廣告行銷」、「單向式的網路行銷」及「網路社群經營的行銷」等不同的宣傳策略。各實體與網路宣傳資料皆應提供網址，以利學習者即時線上報名、註冊選課。

表 11　招生宣傳行銷方式

類別	方式
人際的關係行銷或口碑行銷	發起員工、學習者、親友協助宣傳
傳統大眾媒體的廣告行銷	文宣品（課程介紹小卡、宣傳 DM，放置於公開場所索取及張貼）、實體活動講座
單向式的網路行銷	課程介紹網頁、機構首頁圖片輪播、網路廣告（動畫、圖片、文字）、Google 關鍵字、電子報、網路同步課程宣傳講座
網路社群經營的行銷	Facebook 社團、Facebook 粉絲專頁、微信公眾號、LINE 群組、論壇、討論區

此外，課程簡介影片的製作亦為招生宣傳相當重要的關鍵，課程簡介影片內容不限，主要為向學習者介紹該課程的特色，以吸引學習者修習。常見影片格式為 MPEG-4（解析度 1920*1080 以上），舉例來說，目前常看到上傳至 Youtube 並將影片連結至平臺進行推廣，但影片規格及上傳方式則依各平臺規範會有所不同。

若日後課程量充足，可針對不同需求族群選課輔導，設計各種問卷，或者設置專人輔導選修適當課程。

(四) 課前準備

線上教學團隊應於課前佈置學習內容與輔助資料，並透過平臺公告、e-mail 等方式聯繫學習者進行學前暖身。另外需進行教學備課，利用平臺建立課程資訊、佈置課程內容與多元學習資源、張貼課程公告。詳細的課前準備可參考表 12 所列之內容。

表 12　線上教學團隊工作內容說明 - 課前準備

學習階段	工作項目	內容說明
課程前置作業（課前 3 週開始作業）	整理帶領過程中所需之學習資源	・提供平臺教材閱覽操作指引 ・整理「常見問題集」，通常分為技術面、內容面及其它等類別，以便學習者參考。 ・佈置課程內容：可上傳課程影片、線上練習題、離線下載影片課程、投影片、補充講義、參考資料、設計線上即評測驗、指派作業、設定討論區、設定測驗與作業配分比例等。 ・張貼課程公告：可提供修課注意事項、開課提醒或是課程活動預告等。 ・設計課前、課後問卷；依教學目標擬定評量題。 ・編輯線上問卷：可增刪修線上問卷，設定問卷啟用與結束時間。 ・視課程需要規劃混成式課程進行方式，撰擬學習指引。

學習階段	工作項目	內容說明
課程前置作業（課前2週開始作業）	測試開課時之線上環境	・佈置非同步平臺環境，開設討論區。 ・開設學習者非同步平臺帳號。 ・測試同步教學系統。 ・製作非同步與同步之參考講義與活動。
學前引導（課前1週開始作業）	寄發歡迎信	・寄發歡迎信函、參與課前測驗及填寫課前問卷，歡迎學習者加入班級。
	操作教學	・於信中引領學習者觀看平臺操作、線上教材操作方式。
	講解學習方式	・於歡迎信中引領學習者觀看學習指引，協助學習者瞭解線上學習進行方式、學習機制、評量標準以及課程操作方式。
	整理與統計工作	・統計並整理學習者之課前測驗與問卷，並依結果進行分組活動、以及處理需支援之工作，如技術支援。 ・檢視學習名單與資料：透過學習者登錄資料與課前問卷調查與分析，事前瞭解學習者的性別、年齡、年級、學識背景、先備知能、態度、修課期待等，若有需要回應的意見，可依性質透過公告、FAQ、e-mail 發布。

(五) 課程實施

MOOCs 課程進行中，師生互動及同儕互動是教學成敗的要素，透過網路的線上學習，學習者須有強大的學習動機與自主性，才不至於因各種內外在因素而影響學習。

在「教學面」須以學習者為中心設計教學活動，每一個學習概念應設計形成性評量，如：測驗、作業、議題討論等，幫助學習者瞭解自我學習狀況。以創意及彈性的方式刺激討論風氣、透過各種作業題讓學習者完成學科內容。

合作學習是 MOOCs 課程中相當重要的一環，活動應著重在學習者間之互動與觀摩（可運用實體或虛擬之形式），如議題討論、同儕互評、競賽活動、團隊報告、學習者聚會等。

課程經營上，可以線上助教作為教學者、學習者與課程間互動的橋樑，共同經營線上教學。線上助教應定期檢視分析線上學習歷程，幫助教學者掌握學習者學習情況，並設計學習歷程回饋機制，以便依據不同學習者的需求提供輔導，例如：發展不同信件範本，對學習落後者提醒須補足學習進度。尤其當學習者數量眾多時，適當的助教人數配置，是教學者、學習者與課程間互動是否順暢的關鍵因素。表 13 列舉在此階段須注意的事項。

表 13　線上教學團隊工作內容說明 - 課程實施

學習階段	工作項目	內容說明
課程實施中	提醒上線學習信件或公告寄發	每週寄發 2 封提醒信件，提醒學習者上線閱讀課程，並完成形成性評量。
	帶領討論	學習者若有問題時，可於課程討論區提出疑問，教學者與助教每日最少須瀏覽討論區一次，並回覆問題。 鼓勵並引導學習者回覆同儕問題。 適度總結各段落討論結果。
	同步線上課程帶領	依據規劃之課程，進行同步線上課程授課。
	技術支援	學習者若有平臺操作、線上教材操作之問題，皆可以 e-mail 或於討論區中發問。
	e-mail 協助	以 e-mail 方式，提供學習者除討論區之外，另一種發問或求助的管道。
	參考資料提供	提供線上教材之重點整理，公布於討論區中供學習者參考使用。
課程實施中	總結性評量／期末作業實施	實施課程所設計之評量活動，協助學習者提昇學習成效，教學團隊掌握整體課程之成效。
	期末課程意見調查	透過問卷、測驗或討論等型式，蒐集學習者對課程的學習感受、滿意度與建議等資訊。

此階段執行時，授課教學者與線上教學團隊 / 助教個別扮演的角色、功能區分與具體擔負的任務及分工等，可參考本章第二節〈團隊角色〉之內容，再依實際狀況做分配。

(六) 結案檢討

課程結束後需整理相關資料，進行結案報告與檢討分享會議，以作為課程調整之參考。表 14 列了結案檢討可進行之內容，可依需求參考選用。

表 14 線上教學團隊工作內容說明 - 結案檢討

學習階段	工作項目	內容說明
學習課程後	學習者課程成績評分	彙整學習者各項作業 / 測驗之結果，並計算學習成績。
	修課證明	根據結業條件規定，合格者寄送修課證明。
	統計與檢討	統計學習者之課後問卷結果，撰寫報告，以及辦理檢討會議，做為下一次課程規劃參考。
	課程應用分享會議	邀請教師與教學團隊，針對課程執行狀況分享經驗，進行意見交流。
	後續事項	數位教材增刪修訂。 視每門課執行之情形，修正課程內容與管理策略。 依機構之規定，執行獎勵等事宜。

二、MOOCs 執行分工

(一) 團隊建立

目前國內外機構 MOOCs 的發展現況，大都以「SME（Subject Matter Expert）主題專家或教師」結合「MOOCs 發展團隊」的方式運作，可由機構／單位來規劃課程，再公開徵求師資與課程設計規劃表，或者由 SME 主動向機構／單位提出課程設計規劃表，共同協力開發。

機構應規劃並進行教師、教務管理者及系統管理者等教學團隊訓練，並召開定期共識會議，訓練內容可包含 MOOCs 發展現況、教學設計、教材製作、智慧財產權、學習平臺、課程應用模式、學習成效評量等主題。

(二) 團隊角色

MOOCs 課程發展並非教師一人獨立作業，應包含學科內容、教學設計、影片拍攝、課程製作、線上帶領與技術支援等教學團隊。表 15 為常見的線上教學團隊職責與任務表，可依需求現況調整使用。

表 15 團隊職責與任務表

角色	職責	任務
機構 MOOCs 發展小組	整合運用機構內各單位相關資源，並視需要跨機構合作，提供 MOOCs 課程技術諮詢與協助、人員、設備、校內外資源與相關行政支援，定期會議檢視執行成效。	・課程特色規劃管理。 ・課程推廣。 ・行政支援。 ・技術支援。 ・法律諮詢。 ・績效評核。
領域專家 / 教師	真正具有專業內容及實際經驗者。目前大部分課程由單一位專家提供全部知識內容，少數課程由二位以上共同規劃，或邀請其他專家以訪談方式取得內容。	・課程需求分析。 ・提供素材。 ・在製作每一階段提供審查意見。 ・簽署內容確認單。
專案經理	專案經理負責協調溝通所有成員的時程、想法及意見。若有部分內容須委製或外購，也是由專案經理負責。	・訂定專案目標及時程。 ・組織團隊會議。 ・協調專案時程、預算，並追蹤花費。 ・設定專案里程碑及時限，並確認各階段達成率。 ・製作工具選用分析。 ・內外溝通與折衝。 ・品質掌控。

角色	職責	任務
專案經理		· 審核所有對內對外的資料，確認所有的專案及文件都有遵循內部開發流程與品質標準。 · 遇到與內容相關的爭議需提供意見或決策。 · 協力廠商評估與溝通。 · 提供廠商相關需求資料。 · 與廠商確認專案目標及各階段時程。
教學設計師	能依據內容專家所提供的內容及素材，靈活運用教學設計策略與技巧，並預先瞭解學習者的需求及專案預算，以求將最適切的內容配合多媒體做合適的傳達。	· 與內容專家溝通協調製作內容。 · 在撰寫腳本之前，收集、研究、組織內容素材。 · 依據主題，定義教材大綱架構之流程、順序，並選擇教學策略。 · 依據教學目標撰寫腳本，詮釋表達教學內容。 · 與專案經理進行內部審核，確認教學一致性。 · 與專案經理配合，討論品質與時程如何平衡。
影片拍攝團隊	依據腳本拍攝影片	· 尋找適合拍攝場景並佈置。 · 指導內容專家拍攝注意事項。 · 錄製教學內容。 · 確認現場光源充足，若有需求須以人造光源補齊。

角色	職責	任務
多媒體設計師	負責 UI（User Interface, 使用者介面）構成，將內容重點以圖形方式達到畫龍點睛的效果，或將複雜的概念原理以圖表、動態或立體方式呈現，讓學習者可以快速掌握重點。	· 依據腳本內容，製作圖片、動畫、平面圖像、動態影片及聲音編輯。 · 依據設計需求使用適當軟體製作教材。
品管測試人員	通常由教學設計師進行內部初審，或搭配品管測試人員進行審核。	· 評估測試環境、建立測試計畫及準備測試環境和執行測試工作。 · 記錄測驗結果並整理成文件，供教學設計師或內容發展師修正，並需收集歸檔。
技術支援團隊	若數位課程需放置於網路上，無論是內部網路、外部網路或者是學習平臺，都需要雙方技術人員通力合作，並預先瞭解可能會遇到的執行及軟硬體設備問題。	· 課程整合串接。 · 平臺整合。 · 軟硬體維護。 · 依需求撰寫程式。 · 管控教材檔案。 · 執行備份計畫、應用程式更新、防毒等工作。

角色	職責	任務
線上帶領團隊	由教師、線上助教、行政支援、技術人員共同組成，引導服務學習者達成學習目標。	· 管理者 ✓ 提供註冊服務 ✓ 提供技術服務 ✓ 安排學習小組 ✓ 安排同步會談 ✓ 記錄學習者資訊 ✓ 統計學習記錄 · 輔導者 ✓ 協助達到學習目標 ✓ 鼓勵及表揚學習者 ✓ 擬定教學策略 ✓ 提醒學習者進度 ✓ 解決學習者的困難 · 評量者 ✓ 引發深層思考 ✓ 回應課程問題 ✓ 提供課程 FAQ ✓ 提供學習資源 · 學科專家 ✓ 衡量目標與成效一致性 ✓ 使用平臺評量工具 ✓ 執行評量作業與流程 ✓ 提供學習者適當回饋

(三) 課程執行流程與參與角色

根據前二節說明，整理出團隊在 MOOCs 課程執行中所需參與的流程。同時以作者開發 MOOCs on MOOCs 課程為例，可參考表 16 之流程與角色。

表 16　課程執行流程與參與角色表

角色＼流程	課程規劃	教材製作	招生宣傳	課前準備	課程實施	結案檢討
機構 MOOCs 發展小組	○		○			○
領域專家	○	○	○	○	○	○
專案經理		○	○	○	○	○
教學設計師		○			○	
影片拍攝團隊		○				
多媒體設計師		○				
品管測試人員		○				
技術支援團隊		○				
線上帶領團隊				○	○	○

表 17 為團隊分工範例，各階段各工作的負責人與工作項目需明確。

表 17　MOOCs on MOOCs 課程團隊分工範例

階段	角色	負責人	工作項目
課程規劃	專案經理	張 O 萍	專案管理
	主講教師	張 O 萍	教學設計策略構思 教學計畫表設計
	教學設計師	張 O 文	課程規劃 內容素材蒐集與整理
	專家委員會	磨課師計畫辦公室 產官學界專家 使用者代表	諮詢 審查
教材製作	監製	劉 O 之、王 O 梅	專案管理與內部品管
	主講教師	張 O 萍	教材內容設計與內部品管
	教學設計師	張 O 文	教材腳本設計與內部品管教材上架
	製片	張 O 萍	影片製作行政監督
	攝影	馬 O 榕	攝影、燈光、收音
	美術設計 後製剪輯	馬 O 榕	教材拍攝與後製 動畫製作
	專家委員會	磨課師計畫辦公室 產官學界專家 使用者代表	外部諮詢 教材外部審查
課程實施	線上講師	張 O 萍	課程經營 教學活動帶領
	課程助教	張 O 文	課程經營 教學活動帶領 評鑑工作執行

MOOCs 教材影片製作

伍

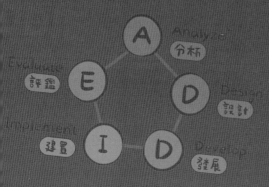

磨課師教學設計指引

MOOCs 教材內容的呈現方式相當多元，目前以影片為多，此章以其製作方式進行說明，影片型的教材內容不僅限於教師講解的影像，也有圖文表單、手寫、螢幕錄製、動畫、實驗、訪談等形式，搭配多樣化媒體呈現知識的概念與應用。

在教材設計方面，可以由生活中的例子、小故事、時事、案例進入教材，讓學習者容易理解較艱深的教材內容，並適時提出各種疑問，以便引發學習動機，盡量避免平鋪直述、只講教條理論。

一、教材開發共通基礎

(一) 教材影片呈現類型與特色

MOOCs 教材雖多以影片方式傳遞，但其呈現類型不限於教師講解影像，也可搭配簡報排版內容、動畫、實驗室、舞台、戶外實景、專家訪談等。

以呈現方式來說，常見影片類型可分為圖 14 所列之五種。

桌面錄製

同時入鏡

不同時入鏡

訪談式

動畫輔助

圖 14　MOOCs 課程常見影片類型

1.桌面錄製：

常見使用桌面錄影軟體如，Camtasia Studio、
Evercam、Microsoft PowerPoint（2013 以上版本）、
oCam 等，進行電腦操作畫面的教學，或是用手繪
板書寫教學內容，授課教師可選擇單純錄製桌面畫
面並做講解，或是將教師講解的影像一併錄下，放
置於畫面適當位置，優點是可清楚呈現操作畫面及
步驟，如圖 15、圖 16 所示。

圖 15　桌面錄影無教師影像範例

圖 16　桌面錄影有教師影像範例

2.同時入鏡：

　　講師講解的同時，攝影機的鏡頭，拍攝講師配合黑
　　板、大螢幕、實際操作或實物介紹等一起錄製，如
　　圖 17。若有雙機可拍攝，則可以第一台攝影機拍攝
　　講師講述課程內容之全身或半身，第二台攝影機拍
　　攝講師手寫、標示或以手勢提醒重點之特寫畫面，
　　於後製時依旁白講解，剪輯所需要的畫面。優點是
　　錄影的同時就可確認接近成品的畫面，但課程拍攝
　　的前製作業較多。

3.不同時入鏡：

　　不同時入鏡可分為去背及不去背兩種方式，後製去
　　背的影片，需要先錄製講師在綠幕或藍幕前之講課
　　畫面，再另外製作教材內容畫面，使用影音剪輯軟
　　體進行畫面合成，如圖 18。

圖 17　同時入鏡畫面範例

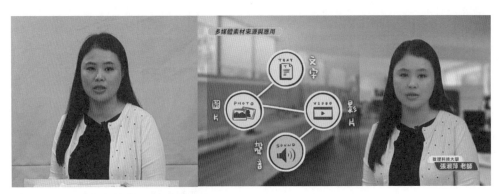

圖 18　不同時入鏡畫面去背範例

不去背的影片，則須挑選較乾淨漂亮的地方做背景。以不同時入鏡呈現的優點是可在後製時作較多的調整，變化性高，但需要較長的後製時間，如圖 19。

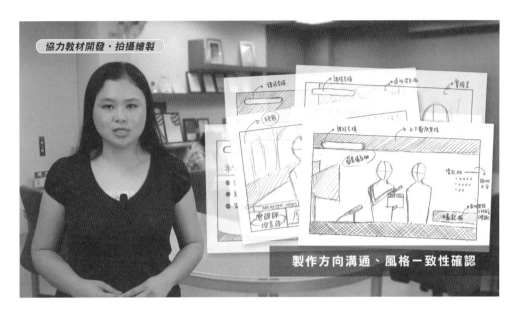

圖 19　不同時入鏡不去背畫面範例

4.訪談式：

由授課教師邀請與課程內容相關的一位或是多位專家，來進行探討與分享。優點是可藉由專家來分享實務經驗，增加課程內容深度，通常拍攝訪談畫面會以雙機作業進行，一機拍攝全景，第二機拍攝被訪者之特寫，拍攝難度雖較高，但可以呈現不同角色詮釋課程，可增加課程豐富度。

例如以雙機拍攝的方式，將全景畫面及特寫畫面穿插搭配，製作成教學影片，增加畫面活潑度，如圖20、圖21。

圖 20　訪談式影片全景畫面範例

圖 21　訪談式影片特寫畫面範例

5.動畫輔助：

於影片中加入動畫，可增加教學影片的活潑度及解說深
度，以提升觀看者學習意願，但需要較長的製作時間。

以 MOOCs on MOOCs Level1 課程為例，將智慧財產
權案例以圖片之動態位移效果並搭配文字，如圖 22，
呈現類動畫效果加深學習者對內容的連結。

圖 22　MOOCs on MOOCs Level1 動畫畫面範例

以 MOOCs on MOOCs Level2 磨課師教學設計實務課
程為例，手繪動畫搭配旁白說明理論，可避免學習者
因理論性內容，而感到枯燥也同時增強學習記憶，如
圖 23 所示。

圖 23　MOOCs on MOOCs Level2 動畫畫面範例

（二）教材影片製作基本原則

MOOCs 教材影片製作可注意以下幾點原則：

1. 每一教材影片提供一個概念

   教材設計應將整門課程依照知識節點切割成小單元，每段影片一個主題概念，以便明確定義單元學習目標，檢核學習成效。

   傳統教學中，一門課包含多個概念，而授課者在教授課程時，也習慣於一堂課中講授多個概念，學習者則在一堂課中學習多個概念。在 MOOCs 課程中，

每個單元只提供一個概念，學習者可以完整學習一個概念後再學習另一個概念，不會同時學習許多概念而造成過多負擔，此外學習者亦可以針對不熟的概念反覆觀看，直到精熟；講解者也可以針對學習者的學習障礙反覆加強。

2. 每一教材依概念安排合宜長度

每一教材影片長度沒有實際規範，應以講師能將一個概念講解清楚，且學習者能順利吸收知識為原則，教材影片畫面與聲音須清晰，以確保學習效益。

3. 教材影片格式

教材影片建議使用 MPEG-4 格式，電子資料使用 PDF 格式，其他教材成品格式資料則需能支援 HTML5，以利在電腦、手機、平板上等跨平臺載具上正常播放。

4. 課程語系國際化

考慮課程國際化之原則，授課影片之語言若為中文者，可搭配多國語系字幕；若為他國語言者，可加上中文字幕。影片在製作時字幕建議以外嵌字幕的方式製作，才易更換語言。

5. 智慧財產權注意要項

影片製作前的素材整理階段，需確認內容來源及智慧財產權歸屬。可參考第貳章第三節〈資源投入〉，或洽詢校內智慧財產權團隊、參與相關教

學知能輔導訓練及透過相關資源網站瞭解智慧財產權相關規定與案例。

若學校與企業合作開課時，應注意以下幾點：

1. 所製作完成之課程，以何人之名義對外行銷？

2. 所製作完成之課程，以何人為著作人？智慧財產權歸屬何人？

3. 所製作完成之課程，可作如何之利用？應取得何人之同意或授權？

4. 企業提供用於課程中之素材，可否再做其他利用？

(三) 多媒體素材來源與應用

發展教材影片的時候，需要運用到多媒體素材，常見的素材有文字、圖片、影片、聲音等，最安全的做法是自行設計或買下版權，若有其他來源則須注意智財權問題，建議可多利用創用 CC 授權的素材。另可參考本書第一章第三節〈智慧財產權〉之內容。

需要運用網路多媒體素材時，若能掌握以下「二不

一要」的大原則做為判斷基準，就能輕鬆的避免侵權問題。

1. 不用來路不明的素材
   像是作者不明、過度轉載的素材在使用上有一定的風險。

2. 不用來自論壇或部落格的素材
   論壇或是部落格的資訊量很大，但通常沒有明確的出處，除非可以確定是部落格版主自行創作的素材，且能取得授權，否則不建議使用。

3. 要明確標示出處來源以尊重所有權人
   使用素材上盡量找出原始出處，並且要標示出清楚的來源，如：作者、書名、出版年份、引用頁碼等等。

以下進一步說明多媒體素材的檔案格式、來源與應用注意事項。

1. 文字
   常見的文字格式有：純文字 TXT 檔、Microsoft Office 系列的 Word 檔、Adobe 系列的 PDF 檔，以及在微軟格式裡面有時候也會用到 RTF 的格式。

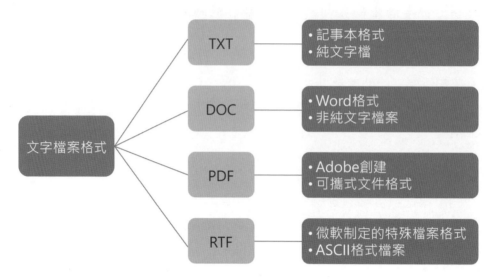

圖 24　文字檔案格式

文字是授課的基礎，如古典詩詞、近代學者的研究、各單位統計的數據等等。古典詩詞由於年代久遠有些作者甚至無法考證，這些作品已經歸入公共領域所有，可以自由運用。如果是近代學者的研究，或者是統計數據等等，基本上是以直接向著作權人申請授權為主，這樣比較沒有法律上的風險。若不清楚作者是誰，或聯絡信件一直沒有下文，則可視引用內容的重要性及引用多寡改採合理使用來進行解釋，但這個方法風險較高，使用上必須特別謹慎。

在合理的引用範圍之內，可於句首或句尾引用括號作者，再加它的發表年作為標註。

> **用於句首**
>
> - 徐新逸（2014）提出翻轉的意義，不能只是把教學課程錄製成影片，然後要求學生在非課程時間觀看而已，他需要適當的教學策略來加值其效果，故......

> **用於句尾**
>
> - 提出翻轉的意義，不能只是把教學課程錄製成影片，然後要求學生在非課程時間觀看而已，他需要適當的教學策略來加值其效果（徐新逸，2014）

圖 25　文字素材應用標註範例

若需標註完整的參考文獻，可依作者、出版年、文章名稱、期刊名稱、卷、頁碼的次序詳列。須注意中文應為全形；外文為半形。詳細引用格式，可參照 APA 格式。

圖 26　參考文獻格式範例

2. 聲音

常見聲音的類型有 WAV、WMA、MID 及 MP3 格式，
如圖 27，常用於音效、音樂或是錄製旁白。

聲音檔案格式				
WMV	WMA	MID	MP3	RA
• 以FM技術錄製 • 錄製格式：8bits、16bits • 分成單聲道與立體聲	• Windows Media Player撥放程式使用的壓縮音樂格式 • 優點：壓縮率高、檔案小、音質好	• 樂器數位介面的簡稱 • 與電子樂器等裝置交換音訊資料 • 電腦音樂軟體必須遵循的標準格式	• 優點：壓縮率高、檔案小、音質好 • 多媒體音訊常用規格	• 普遍應用於網際網路 • 需安裝RealPlayer

圖 27　聲音檔案格式

一般來說，影片和音樂的素材都必須向出版公司請求
授權之後才能夠使用，近年來網路上也有一些將音樂
音效以創用 CC 釋出的網站，如 Jamendo Music 音樂
庫（http://www.jamendo.com/en/）、SoundCloud
（https://soundcloud.com/）、YouTube 音效庫（https://
www.youtube.com/audiolibrary/music）等，可於下載
後依授權條件說明標註使用。

3. 圖片

常見的圖片類型有 GIF、JPG 以及支援透明圖檔的
PNG 格式，各自有其特色，如圖 28 所示。

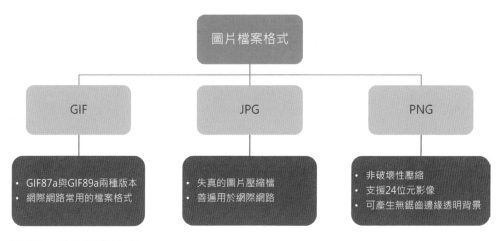

圖 28 圖片檔案格式

為了課程的豐富程度以及解說上的方便，常會加上說
明的流程圖、示意圖、插圖或者是和課程相關的照片。
建議可依相同概念重新繪製、購買版權或盡量使用有
創用 CC 授權的來源。

若要搜尋符合創用 CC 的圖片或者是照片，可以透過
GOOGLE 的搜尋引擎，設定為「非商業用途再利用且
可修改」或是至創用 CC 的搜尋平臺，搜尋可使用之素
材，標示方法則依各圖片、照片授權要求呈現。

4. 影片

常見的影片類型有 MOV、WMV、GIF、MP4(MPEG-4)
等格式，其特色如圖 29 所示。

影片檔案格式

MOV	WMV	GIF	MP4
•由蘋果電腦發展 •使用QuickTime軟體播放	•由微軟公司發展 •網路串流公司	•可以於一個檔案中存入數張圖形 •連續播放圖形，造成動畫的效果	•可以在每分鐘的4MB的壓縮率下提供接近DVD品質的影音效果 •優點：壓縮品質優、轉檔容易 •目前智慧型手機錄影檔，九成以上皆為MP4檔

圖 29　影像檔案格式

可多利用創用 CC 之資源，搜尋並載所需之授權影片檔
案，另外若需要授權之新聞影片，可以至公視創用網
站（https://cc.pts.org.tw），該網站提供依創用 CC 授
權條款釋出之高品質影片供使用。

(四) 教材品管與評鑑

在教材製作的專案管理中，品質檢核強調的是「預防
勝於檢查」與「持續改善」，透過良好的事前規劃、

設計、標準制訂、製造，在每一個重要關卡，將品質
植入於過程或產品設計中。

雖然表面上看起來需要花費時間與人力，但是透過層
層把關，可以有效減低錯誤，避免到了成品才大幅度
修改，且可保持品質的一致性，反而是真正能省時省
力的作法。

品質檢核機制可分為 QA（Quality Assurance）品質
確保與 QC（Quality Control）品質管制，QA 目標是
在預防產品發生瑕疵，QC 則在找出完成的成品中潛在
的瑕疵，進行修正，其概念也可參考圖 30。

品質確保	品質管制
QA (Quality Assurance)	QC (Quality Control)
開發前、開發中，是否有依據所制定的方法、流程、規範來開發	檢查各階段產出是否正確
施行的目的：在於審查開發各階段的各項產出，是否符合所制定的規範	施行的目的：針對產物做檢查，看看是否滿足要求

圖 30　品質管理的概念

可針對單元教材影片之大綱、腳本、拍攝規格、拍攝注意事項、後製規格、測試流程等制定課程品質檢核規範，並發展相關表單，由具有課程設計及內容專業知識者進行檢核，成品亦可由目標學習者試閱，以利製作流程、時程與品質的掌控。教材影片製作各階段品管策略可參考圖 31。

階段	產出	品管策略			
		內部	參與者	外部	參與者
分析	✓課程發展計畫	會議審	• 專案經理 • 教學設計師 • 授課教師	會議審	• 利害關係人 • 專家委員
設計	✓教學內容(PPT)	文件審、會議審	• 授課教師 • 教學設計師		
設計	✓分鏡腳本	文件審、會議審、線上審	• 教學設計師 • 授課教師	文件審、會議審、線上審	• 專家委員
	✓雛型教材(即依小單元之成品，含版型)	線上審	• 教學設計師 • 授課教師		• 專家委員 • 使用者代表
	✓順剪	線上審	• 授課教師		
發展	✓初剪	線上審 會議審	• 專案經理 • 教學設計師 • 授課教師		
	✓成品一版 (依修正意見產出各版本)	線上審 會議審	• 專案經理 • 教學設計師 • 授課教師	會議審 線上審	• 專家委員 • 使用者代表
建置	上線測試	線上審	• QC人員		• 使用者代表

（左側標示「評鑑」，涵蓋分析至發展各階段）

圖 31　教材影片製作各階段品管策略

以下說明教材影片製作各階段品質檢核建議。

1. 分析階段

主要產出為課程發展計畫，品管重點有教學目標是否明確、課程大綱是否滿足需求與教學目標、單元教材開發形式是否合宜、專案時程與人力安排是否合宜。可使用會議形式審查，作為此階段策略之確認。

2. 設計階段

主要產出有教學內容、分鏡腳本與雛型教材，其品管重點分述如下：

(1) 教學內容（PPT）

單元教學目標是否具體、教學內容是否完整且滿足該單元教學目標、內容邏輯性是否通順、內容是否提供適當之實例、內容使用之素材是否清楚說明為自製、已取得授權、創用 CC 或其它等來源。由教學者，將欲錄製之教材內容，製作於 PPT 簡報中，或是團隊以分工、會議討論方式，整理內容。

(2) 分鏡腳本

畫面文字、教師講解的呈現是否正確及流暢、內容教講順序是否正確、影片拍攝構想是否符合需求、拍攝場地是否適當、拍攝人力是否完善、拍攝素材是否備妥、預估影片長度是否合宜、測驗題是否符合教學目標。可先以會議討論方式或是提供文件予授課教師確認，再以會議討論方式或是提供文件予外部審查成員確認。

(3) 雛型教材

內容是否符合學習者／專案需求、內容是否正確且完整、內容是否符合教學目標、畫面是否清晰與穩定、音質是否清晰與穩定、節奏是否合宜。可先以會議討論方式或是提供雛型教材予授課教師確認，再以會議討論方式或是提供雛型教材予外部審查成員確認。

3. 發展階段

主要產出有影片之順剪、初剪與成品檔案，其品管重點分述如下：

(1) 順剪

內容呈現順序是否正確、教材收音及畫質是否穩定、教材長度是否合宜，可以會議討論方式或是提供檔案予授課教師及開發團隊成員確認。

(2) 初剪

內容是否正確、教材收音及畫質是否穩定、教材長度是否合宜、版型搭配是否合宜，可以會議討論方式或是提供檔案予授課教師及開發團隊成員確認。

(3) 成品

內容是否符合學習者／專案需求、內容是否符合學習者程度、內容是否正確且完整、內容是否符合教學目標、教材是否可引發學習者對學習內容的注意、畫面是否清晰與穩定、音質是

否清晰與穩定、節奏是否合宜、教材版面設計（如用字遣詞、圖、表、舉例等）是否清楚易讀。建議可以會議討論方式或是提供檔案予授課教師及開發團隊成員確認,再以會議討論方式或是提供檔案予外部審查成員確認。

4. 建置階段

主要工作是將教材上架於平臺,以登入方式線上連線測試。品管重點為教材是否能正常播放、教材連線是否順暢、字幕是否能正常呈現、畫質是否清晰且穩定、音質是否清晰且穩定、閱讀時數是否正確記錄。可由內外部 QC 人員共同上線檢核。

二、單元教材影片製作流程

依據數位學習教材設計原則,MOOCs 單元教材影片製作基本上可分為十個步驟,以下分別說明。另外,本章將於後續單元進一步介紹「自製教材錄製」與「協力教材錄製」的注意事項。

(一) 課程品質規範制訂

可針對單元教材影片之大綱、腳本、拍攝規格、拍攝注意事項、後製規格、QA（Quality Assurance）品質確保原則、測試流程等制定課程品質規範,以利製作

流程、時程與品質的掌控。詳情請參考本章第一節 <
教材品管與評鑑 > 之內容。

(二) 確認課程大綱與教學目標

利用本書第肆章第一節之〈課程規劃〉中表 7「MOOCs
課程規劃表」確認課程範圍，列出學習總目標、學習
主題、學習單元。

(三) 蒐集與分析素材

接著可逐步規劃各單元的學習目標、發展教學設計策
略，並根據大綱與時間分配，收集與課程內容相關的
參考資料與製作用素材，如：簡報、影帶、照片、圖片、
案例內容、書籍、網站、測驗題…等。整理素材的同
時須確認內容來源及智慧財產權歸屬，如表 18。

每一週規劃一教學單元，每單元將包含多個主題，使
用適當的教學策略，並可依平臺或後製軟體功能，適
度在影片中穿插練習題。每單元可設計完整的評量測
驗，幫助學習者檢核能力。

表 18 課程單元內容設計表單

課程名稱					
單元名稱					
單元目標					
	教學主題	教學策略	型態	素材	智慧財產權
教學設計		講授式、對談式、訪談式、劇情短片式、螢幕操作示範、實體動作示範、手寫說明式、問題解決式、情境融入式…等	影片		
			影片		
			測驗		
			影片		
			測驗		
備註					

由於 MOOCs 具有網路上公開播放之特性,因此涉及商業授權與公開傳輸權,教學影片使用圖片、照片、音樂、影片或動畫等素材,需有有完整的智慧財產權,例如:自製、創用 CC 或其他合理使用之理由,且未侵害第三人之智慧財產權或其他權利,方能作為課程教材使用。若須授權者,需於設計階段逐一列出,協商著作權擁有人簽署同意書,部分素材需由機構支付使用費後才能運用。

機構對於 MOOCs 智慧財產權可往以下方向發展：

1. 制定完整的教學影片使用素材開發及取得之制度與流程，且符合智慧財產權法律規定。

2. 建立課程智慧財產權檢核流程。

3. 提供智慧財產權諮詢管道與服務。

4. 針對 MOOCs 課程之智慧財產權等相關法律議題，提供訓練與資源。

5. 有單位或相關機制協助釐清課程智慧財產權歸屬。

6. 開放教學影片資源，提供合作對象運用於其教學活動中。

(四) 設計腳本

教學設計師在此步驟時，應根據課程大綱、學習目標與素材，與授課教師多多溝通教學策略、畫面呈現方式、內容正確性等，以期有效呈現或展示教學內容、提高學習興趣、促進學習動機，並搭配不同的媒體呈現：重點字標示、靜態圖、動畫、實體照片、背景音樂、旁白、音效等，設計腳本，如圖 32。此步驟準備之內容越完整，影片錄製將越精確，將能大幅縮短後製時間。

若是讓學習者思考後再給予回饋，能達到較好學習效果的內容，建議可以在設計腳本時採用「自問自答」、「延遲回饋」的策略，提出常見問題與正確／錯誤觀念解析，一樣能對學習者有所助益，或可將該內容作為討論題、作業，讓學習者有機會提出自己的看法。

「　　　　　」分鏡表　ID：		日期：YYYY/MM/DD	
名稱：	存檔名稱：	畫面說明	旁白/音樂/音效
序號			
備註			

圖 32　教材影片分鏡表範例

教材影片的分鏡表填寫重點，可參考表 19 與 20。

表 19　教材影片分鏡表填寫重點 (1)

項目	填寫重點
製作畫面	・應「簡單清楚」繪製要呈現的圖、文、表出現位置。 ・畫面上一般均為重點字，若文字過多，應思考是否可以圖片或旁白來表達。若是無旁白的動畫，在畫面說明時需有更清楚的提示文字或效果。
畫面說明	・清楚說明畫面製作重點，若要搭配聲音一起出現也須說明。例如：畫面文字隨旁白一起出現。 ・若需使用多媒體素材，須寫明檔案名稱與放置路徑。
旁白 / 音樂音效	・旁白需以順暢的口語化文字表達，建議寫完後朗讀一次。可加上轉接詞，如：首先、接下來、第一步是、最後、那麼…。 ・語速以一分鐘以 240~300 字為佳。 ・若搭配動畫有特殊角色配音時，需註明該角色的特性。如果需要加入特定的音樂音效，也可在此處標示。例如：打字音效、大雷雨聲、驚悚的背景音樂。

若是以投影片畫面搭配講師影像或聲音者，可注意表 19 所列之重點。

表 20 教材影片分鏡表填寫重點 (2)

項目	填寫重點
文字	· 文字需清晰可辨識，字體選擇建議以黑體圓體為主，滿版投影片內容字級應思考能以行動載具清楚觀看，至少 32 級以上，字幕字級 14 級以上。 · 搭配講師畫面者則視實際狀況調整。 · 點出重點字即可，避免在同一畫面中呈現過多文字。
動畫	· 利用動畫出現、重點強調、消失等方式呈現講述內容，避免同一畫面停留過久，產生枯燥感。
母片	· 母片以淡雅簡單為主，避免使用過於強烈的顏色，容易將觀眾注意力吸引到母片上，無法聚焦在內容的重點。
重點標示	· 可利用醒目框、明暗顯示、字級大小、文字顏色等方式強調學習重點，讓學習者更容易理解。 · 可搭配動畫效果增加畫面動態。
圖表	· 一次呈現過多的文字，比較不容易讓學習者在短時間內捉到重點，善用圖表有助理解內容，也讓畫面整體呈現更乾淨清楚。
圖片	· 正確呈現內容的圖片勝過千言萬語，利用圖片標示重點更能促進學習效果。
一致性	· 注意投影片整體母片、字體、標題、格式、符號的一致性。

(五) 發展測驗評量

教師與學習者是教育過程中進行互動的主體，課程、教材是互動的內容，評量則是主要的互動形式。因為評量扮演回饋的功能，可以用來瞭解學習者學習成果及調整或擬訂教師的教學策略，以達到最佳的學習效果。

MOOCs 常見評量型式有：問卷、議題討論、測驗、作業或專題。以下分別說明。

1. 問卷
   通常用於學習前的學習者分析，亦可用於學習中與學習後。一份好的問卷調查表至少應該要問題具體、表述清楚、重點突出、整體結構好；確保問卷能完成調查任務與目的，且便於統計整理。
   問卷的基本結構一般包括四個部分：

   (1) 說明信：主要說明調查的目的、意義以及填答說明等，一般放在問卷的開頭。

   (2) 調查內容：從形式上看，可分為開放式、封閉式和混合型三大類題型。

   (3) 編碼：將調查問卷中的題目或答案給予統一設計的代碼，方便統計。

(4) 結束語：簡短地對被調查的學習者表示感謝，也可徵詢一下對問卷設計和問卷調查本身的看法和感受。

2. 議題討論

依學習者程度設計可以讓其表達經驗或感受，且較能進行充分討論的議題，例如：我最想去的國家等等。

討論期間須適時給予學習者回饋，並儘量引導學習者能進一步再發揮自己的意見，例如可以應用提問、指定回應、交叉互動等策略，以便讓學習者可以充分運用已習得的內容。

3. 測驗

MOOCs 課程中使用測驗時機點為：影片閱讀中或該支影片後之單元測驗，以及課程最後之總測驗。測驗需緊扣教學目標，每一至數個單元影片即可安排一回測驗，常用題型為：是非、單選、複選、簡答，可使用表單的方式整理測驗題目，如表 21。

表 21　測驗表單

題號	題型	題目	選項	回饋	對應單元/目標
（1）	是非、單選、複選、簡答、填充、排序等			依製作工具功能，決定是否可提供多次答題機會，以及依答題結果給予回饋。	
（2）					
（3）					

4. 作業或專題

作業或專題可以看出學習者綜合應用的能力，可於期中或期末待學習者累積一定學習內容後使用。由於 MOOCs 學習者數量龐大，教學團隊難批閱這麼多作業，因此建議透過同儕互評的方式來進行。

一般同儕互評活動中，學習者需要透過四個階段才能完成整個活動：提交作業階段、評分練習階段、互評階段（也可以要求學習者進行自評）和查看成績階段。教學團隊需要為每個階段設置開始時間和結束時間，並為學習者提供明確的評量規則。

設計同儕互評的評量規則時，一定要提供相關的說明語，例如請學習者依據教學團隊所公告之某個作業之

Rubrics 之評量規則評分，請學習者將作業的回饋語填寫於哪一個欄位等說明資訊。以降低學習者在進行同儕互評活動可能產生之問題。

可透過以下步驟來建立 Rubrics 量表：

(1) 參考 Rubrics 範例，選擇適合你課程性質與評量目的的量表類型。

(2) 設定學習目標與評分方式。

(3) 建立定義明確的評估標準、細項與子標題；用詞遣字需淺白易懂。

(4) 決定三或四個不同等級的標準，如：優秀、普通、不佳。

(5) 訂出每個等級的分數範圍，如：6 分、8 分、10 分。

(6) 尋求團隊與學習者的回饋並加以修正，確認大家都瞭解評估標準。

圖 33 為同儕互評的 Rubrics 量表範例，亦可參考 Rubrics 的線上資源網站觀摩學習。

標準/選項	評分標準定義	優秀(10分)	普通(8分)	不佳(6分)
學習對象設定	是否清楚的說明課程的學習對象，及其需要具備的知識。	✓ 設定明確之學習對象。 ✓ 明確描述建議學習對象應具備之先備知識、能力等參考資訊。	✓ 雖有設定學習對象，但過於廣泛。 ✓ 無提供學習對象應具備之先備知識、能力等參考資訊。	✓ 無設定學習對象。 ✓ 無提供學習對象應具備之先備知識、能力等參考資訊。
課程單元目標撰寫	是否清楚的描述課程單元的目標（行為動詞+學習內容）。	✓ 每個目標都說明學習後可達成的具體行為描述(行為動詞+學習內容)。	✓ 部份目標具體可行(行為動詞+學習內容)。	✓ 目標撰寫未說明學習後可達成的具體行為描述(行為動詞+學習內容)。
學習評量整體設計	能夠依據學習目標設計評量，且提供多元的評量方式。	✓ 所有學習評量均依據課程目標設計。 ✓ 學習評量完全分散在各周。 ✓ 使用二種以上學習評量方式。	✓ 多數學習評量依據課程目標設計。 ✓ 學習評量適度分散在各周。 ✓ 使用二種學習評量方式。	✓ 學習評量未依據課程目標設計。 ✓ 學習評量過於集中在某些週次。 ✓ 學習評量方式單一。
議題討論設計	能夠設計與學習目標相符的議題討論，且吸引學習者進行充分的討論。	✓ 議題依學習者程度設計，讓其能表達經驗或感受。 ✓ 議題設計能讓學習者進行充分討論。	✓ 議題設計能讓學習者應用所學。	✓ 議題有一到數個正確答案，無討論性。 ✓ 議題設計未針對學習內容，發散性太強。

圖 33　Rubrics 量表範例

(六) 錄製教材

MOOCs 教材影片常見如表 22 之各種錄製方式，可依教學內容設計、學習目標與授課情境進行選擇與使用。

表 22　教材影片錄製方式

	特點	執行方式	其他注意事項
攝影棚／室內錄製	· 可使用專業攝影棚、安靜的辦公室、教室、會議室等密閉空間錄製課程。 · 可單拍教師講授、訪談或與學習者互動的人物畫面，也可加入書寫黑板的畫面。	· 確認錄製時間、主題與人員後，非攝影棚之場地須先勘景與佈置。 · 拍攝時注意收音清晰、燈光適當與環境無干擾。 · 分段錄製影片，注意場記須詳實且正確。 · 搭配簡報、動畫、其他影音素材進行後製與剪輯。	· 若拍攝對象不只講師，需確認其他對象的時間，並告知拍攝注意事項。 · 同單元的錄製要注意服裝化妝的一致性。 · 詳細場記，確認拍攝片段可進行後製，有問題者最好可現場補錄。
電腦螢幕擷取	· 教師在電腦上進行講授與畫面操作，或使用手寫板書寫。	· 攝影團隊搭設好燈光、麥克風與背景藍綠幕後，教師可自行錄製。 · 利用螢幕截取或手寫錄製軟體，搭配手寫板操作，進行同步講授與影音錄製。 · 後製時可快速整合螢幕擷取與講師影像，產出教學影片。	· 需確認電腦存檔空間足夠。 · 為避免教學畫面呈現較為單調，學習者注意力易渙散，可搭配投影片先做重點簡介，且講解後立即以測驗或練習確認學習成效。

特點	執行方式	其他注意事項
戶外實景錄製	· 於開放空間拍攝，可分為建築物內與無遮蔽的戶外空間。	· 確認錄製時間、主題與人員後，須事先勘景確認拍攝鏡位、測試收音狀況、選擇設備放置處，並詢問在預計拍攝的時間是否有特定活動或可能干擾。 · 拍攝當天，攝影團隊須提早至現場清場與佈置。 · 分段錄製影片，注意場記須詳實且正確。 · 搭配簡報、動畫、其他影音素材進行後製與剪輯。	· 錄製前的勘景需多以拍照或攝影的方式記錄該場景狀況，留意構圖、環境音、天候、行人等因素。 · 若須經申請方能使用，須盡早向場地方提出。 · 詳細場記，確認拍攝片段可進行後製，有問題者最好可現場補錄。

進行人像拍攝時應注意以下幾點：

1. 拍攝角度

   若是訪談或對話式的內容，為了能清楚呈現主要發言者或透過角度切換來豐富畫面，可以使用雙機或三機同時作業。若僅有單機，為了減少設備燈光移動與重複測試修正，可於錄製主要內容後，補拍不同鏡位微笑、點頭、專注聽講等畫面，於後製時剪輯以增加畫面變化，也可於後製時使用軟體本身移動、放大縮小等功能，或加入重點文字、圖表等，避免畫面重複單一。

2. 打光

打光時應避免人臉上出現強烈陰影或臉部過於蒼白、扁平,實景拍攝時也需注意背景光影不要有太大的落差。若有補錄或重錄的情況,最好先比對同一段落的影片,確認光線環境相同。

3. 溝通確認拍攝規則

攝影團隊與拍攝對象宜於拍攝前溝通拍攝規則,例如:

(1) 聽到攝影師喊「預備」時,拍攝對象需調整動作與情緒,做好準備後對攝影師點頭。

(2) 攝影師喊「5、4、3、2、1」開拍,結束時請拍攝對象定格 3 至 5 秒後,待攝影師喊「卡」或「OK」,拍攝對象才能移動位置。

前面的緩衝秒數可以幫助拍攝對象進入拍攝狀態,與攝影師視線接觸,可幫助穩定情緒,建立信任感。而前後的預留秒數有助於影片的後製剪接,例如可運用預留秒數加入轉換特效以豐富影片。

4. 場記

拍攝當天應將已安排好拍攝場次與順序的腳本列印出來,或直接攜帶移動載具記錄拍攝狀況。
拍攝時可使用打板器、小白板或由攝影師於開拍前口頭喊出拍攝場次(幕)與拍攝編號(Take),並於結束於告知此 Take 是否可用,清楚的場記可大幅減少後製順剪的時間。拍攝工作可善用教材影片錄

製檢查表，如表 23，可依需求與實際工作情形設計或調整之，善用檢查表可提升拍攝前、中、後等工作效率。

表 23　教材影片錄製檢查表

錄製主題：
錄製人員：
錄製地點：□棚內　　　□棚外：_____
錄製日期/時間：

請打勾	錄製前	備註
	蒐集與錄製所需的素材	
	勘景並記錄（例如：攝影鏡位、收音狀況、選擇設備放置處…等）	
	發通告單（含錄製地點、時間、服裝等注意事項）	
	準備錄製設備，含 腳本與場記表 攝錄影機 電池（充飽電）、電源供應器和延長線 燈光 錄音設備 腳架 打版器 其他 _____	
	準備相關道具 （參考影片分鏡表）	
	【外拍】確認錄製的交通與住宿	
	【外拍】確認錄製日天氣狀況是否良好	

錄製主題： 錄製人員： 錄製地點：口棚內　　　口棚外：＿＿＿＿＿ 錄製日期/時間：		
拍攝中		備註
確認錄製場地（含道具與佈景）		
架設與測試錄製設備		
備妥演員服飾及確認妝髮		
場記：記下錄製過程與注意事項		
拍攝後		備註
收拾設備（參照上列設備清單）		
對照分鏡表檢查影音，確認沒有漏拍或失誤的場景。		

(七) 後製教材影片

依據教材腳本，以後製工具軟體剪輯並調整影音、輸出成品。

剪輯時應就每一門課之特性，訂定後製規格，統一片頭動畫格式、字體字級、人像比例、重點字卡顏色、醒目提示格式、子母畫面比例、轉場效果秒數、成品輸出格式等，且應避免人像過亮或過暗、聲音音量忽大忽小。

(八) QA與修正

成品應經過內部與外部 QA，並修改缺失不足處。可參考表 24 之教材影片自評表及表 25、26 教材影片成品審查單，依需求調整或設計審查單。

表 24　教材影片自評表範例

	檢核項目	自評
1.	版型設定一致	☐ 確認
2.	字型設定一致	☐ 確認
3.	顏色運用設定一致	☐ 確認
4.	運用動畫、色彩、強調功能加強學習重點效果	☐ 確認
5.	提供與課程內容相關之圖像讓學習者更易理解內容	☐ 確認
6.	提供案例讓學習者更易理解內容	☐ 確認
7.	提供故事讓學習者更易理解內容	☐ 確認
8.	教學目標明確	☐ 確認
9.	教學內容邏輯清楚	☐ 確認
10.	教學內容正確無誤	☐ 確認
11.	練習題符合教學目標	☐ 確認
12.	練習題與教學內容一致	☐ 確認
13.	教材中畫面與字幕內容均正確	☐ 確認
14.	教材內容無侵犯智慧財產權	☐ 確認
15.	教材中使用之文、圖、影、音等素材無版權問題	☐ 確認

表 25　教材影片成品審查單範例

OOO課程OOO單元成品審查	審查人員
交付日期	

審查重點		審查意見
1.	內容（標題、文字、圖片、圖表、動畫內容）是否正確？	錯誤內容及修改方式請說明於此欄。
2.	聲音（旁白配音、音樂、音效）是否正確？	
3.	課程測驗或評量的內容是否正確？	
4.	內容表現（如用字遣詞、圖、表、舉例等）是否清楚合適，能讓學習者容易瞭解？	
5.	內容呈現之觀點是否能避免對於不同族群、性別、階級、年齡、語言或其他群體的學習對象存有不當之偏見？	
6.	內容是否符合教學目標？	
7.	內容深度與廣度是否符合教學目標？	
8.	單元名稱、單元內容與單元目標之間是否具一致性？	
9.	各單元內容份量是否分配合理？	
10.	是否運用講述、案例、示範、模擬、挑戰、類比、角色扮演、問題導向、問題解決等二種（含）以上之教學方法來呈現或展示教學內容？	

○○○課程○○○單元成品審查	審查人員
交付日期	
審查重點	審查意見
11. 是否可引發學習者對學習內容的注意？	
12. 是否能維持學習者對學習內容的興趣？	
13. 圖片、動畫及影像等是否有良好製作品質？（如畫面清晰度、播放速度是否合宜等）	
14. 旁白是否清楚？	
15. 文字是否大小適中？	
16. 配樂是否品質良好且不會干擾學習？	

表 26 教材影片成品 QA 單範例

No	畫面時間	畫面擷取及錯誤說明	建議修改方式	修改回覆
1.				
2.				
3.				

(九) 上線測試

成品應於各平臺、載具、常見軟硬體環境中充分測試，並記錄於教材影片上線審查表中，如表 27，以此為依據進行修改與調整。

表 27　教材影片上線 QA 單範例

No	畫面時間	測試環境	畫面擷取及錯誤說明	修改回覆
1.				
2.				
3.				

(十) 資料備份

所有表單、素材、原始檔、成品、執行注意事項、問題回報與處理等資料，皆應完整備份。

三、自製教材錄製

瞭解了完整的單元教材影片製作流程後，以下再補充自製教材錄製的案例、開發流程與錄製注意事項。

(一) 自製教材案例與開發流程

數位自製教材,通常指的是用坊間已經很成熟的軟體,由教學者與團隊自行加入影音多媒體所產生出來的教材。

自製數位教材可分為以下幾種類型:

1.軟體操作步驟錄製

常見在資訊軟體教學時,將操作步驟或將各課程教學者所欲講解之桌面、網頁、文件畫面等內容,以全程或局部方式錄製。

圖 34　軟體操作步驟錄製畫面範例

2.簡報結合旁白

將設計好的簡報檔，運用軟體功能，結合簡報畫面與講解旁白。

圖35　簡報結合旁白畫面範例

3.同步錄製簡報畫面、影像與講解旁白

圖36　同步錄製簡報畫面、影像與講解旁白範例畫面

4.影像去背後製，並與簡報畫面合成。

圖 37　影像去背後製，並與簡報畫面合成畫面範例

常見自製數位教材所需設備與資源，如表 28 所列。

表 28　常見自製數位教材所需的設備與資源

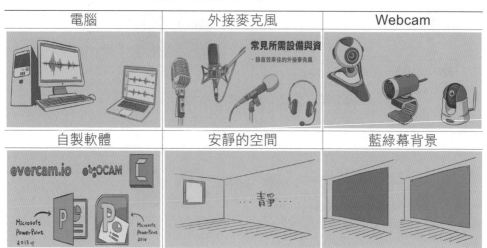

常見自製數位教材的軟體種類繁多，可依需求選擇，
亦可結合多樣軟體共同製作，因軟體版本不斷因應需
求升級，表 29 僅為參考，實際版本請依各軟體官網公
告為準。

表 29　自製教材常見軟體參考

類型	軟體名稱	用途
自由軟體	Apowersoft、oCam、HperCam 等	桌面錄影
商業軟體	建議 Microsoft PowerPoint(2013 以上版本)、Microsoft Movie Maker	簡報錄製
	Camtasia、Debut Video Convert、Evercam、Evercam Point、U 簡報等	簡報錄製 講師影像錄製 桌面錄影
其他	Bitstrips、Powtoon、Rage Maker、Vyond 等	圖像、漫畫製作
	Format Factory、雲端轉檔軟體等等	影音轉檔
	Audacity、mp3DirectCut 等等	音檔剪輯

自製教材的開發流程可簡化為圖 38，詳細的內容，可
參考本章第二節〈單元教材影片製作流程〉。

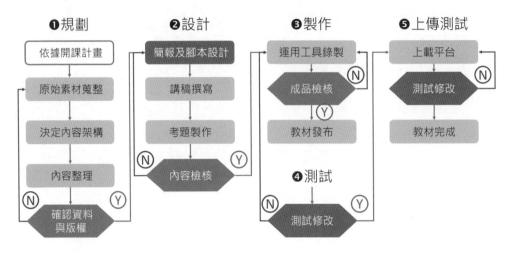

圖 38　自製教材開發流程

(二) 自製教材錄製注意事項—軟體教學類

錄製軟體教學類的課程時，可注意以下重點：

1. 錄製前：建議先列出錄製的順序與講解重點、設定錄製範圍、進行錄音設定與測試。

2. 錄製時：滑鼠移動盡量穩定緩慢、口條清晰講解清楚。

3. 後製：加上重點標示，例如框選出正在講解的功能區塊、箭頭標示、以特殊文字格式加強重點、局部放大、滑鼠放大、聚焦效果、呈現講師子母畫面等等。

(三) 自製教材錄製注意事項—簡報講解類

錄製簡報講解類的課程時，可注意以下重點：

1. 錄製前：檢查簡報整體邏輯架構是否分明、內容是否正確、圖解設計是否易懂、使用軟體預覽功能確認簡報畫面無誤、進行錄音設定與測試、設定軟體錄製選項。

2. 錄製時：滑鼠移動盡量穩定緩慢、口條清晰講解清楚。

3. 後製：簡報講解類的軟體後製功能差異較大，但如果最終是要輸出為 MP4 格式的話，主要會用到的還是各種重點標示功能，可結合簡報本身的動畫效果使用，但注意不要過於花俏以至於干擾學習。

四、協力教材錄製

本書第伍章第一節〈教材影片呈現類型與特色〉中提到一般 MOOCs 課程常見影片類型可分五種，除了桌面錄製外，同時入鏡、不同時入鏡、訪談式、動畫輔助都可藉由團隊合作產出更精緻的品質，這就是所謂的協力教材。

常見的製作流程如圖 39，可分為前置作業、設備確認、拍攝繪製、影片後製這四個階段，完成了教材影片後，

還要通過品質管理，確認影片內容正確與畫質、版面編排等都合宜完整，再到線上做測試，經過一連串的品管、修正、測試後才能真正開課使用。

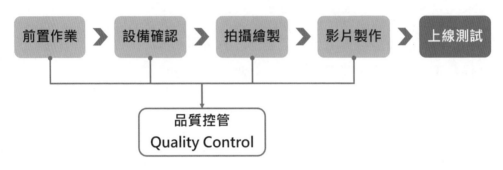

圖 39　協力教材開發流程

(一) 協力教材開發－前置作業

協力教材前置作業共通的工作項目可分為：

1. 課程規劃：請參考第參章第二節之〈教學計畫表〉及第肆章第一節之〈課程規劃〉內容。

2. 單元劃分（含設定教學目標）：請參考第肆章第一節之〈課程規劃〉內容。

3. 學習評量規劃：請參考第伍章第二節〈發展測驗評量〉內容。

4. 內容腳本：請參考第伍章第二節〈設計腳本〉內容。

5. 風格、版型、元件繪製：請參考第伍章第一節〈教材影片呈現類型與特色〉內容。

6. 素材整理：請參考第伍章第一節〈多媒體素材來源與應用〉內容。

7. 確認拍攝地點（攝影棚、室內、戶外）：請參考第伍章第二節〈錄製教材〉內容。

8. 發布錄影通告：請參考第伍章第二節〈錄製教材〉內容。

若為訪談式協力教材，需要在此階段確認受訪人選、受訪者時間並擬定訪談題目。

(二) 協力教材開發—設備確認

工欲善其事，必先利其器。拍攝前一定要確實檢查好設備，才不會有設備損壞或是在現場手忙腳亂、缺東缺西的狀況。

協力教材共通所需的設備包含攝影機、腳架、燈光設備、反光板、收音設備（例如：Mini Mic、Shotgun），還有場記板、筆、讀稿機，或是其他的輔助提示的工具（例如：手提電腦、大字報），以及針對於整個場景是否有需要各式佈置的道具等。

若是同時入鏡的教材，可能額外需要一些投影設備或者是大尺寸的 LCD。訪談式的教材大多會需要至少二套攝影收音設備，也就是所謂的雙機作業。如果做到動畫輔助類型的教材，則有機會用到繪圖板、繪圖筆等，可參考圖 40。

協力教材開發‧設備確認	共通	同時入鏡	不同時入鏡	訪談式	動畫輔助
攝影機	✔			✔雙機	
燈光設備、反光板	✔				
收音設備 mini mic、shotgun	✔				
場記板 optional、筆	✔				
投影設備		✔			
讀稿機或輔助提示	✔				
繪圖板、筆					✔
大尺寸LCD		✔			
場景布置、道具	✔				

設備確認

圖 40　協力教材開發設備總整理

各設備在教材開發的過程中各有其用途以及相關注意事項，詳見表 30。

表 30 協力教材開發設備說明表

設備	用途/注意事項
單機攝影機、腳架	· 單機為最常見的拍攝方式，通常拍攝講師於定點講述教材內容。除非要呈現特殊畫面效果，在拍攝時務必使用腳架，可避免畫面震動或畫面歪斜。 · 攝影機可用基本款或高階款，但畫質建議要能拍攝 1920*1080 以上為佳。
燈光設備	· 棚燈：打亮攝影棚整體環境。 · 補光燈：若要在室外拍攝，卻沒有電源可用時，能選擇可使用電池的補光燈，也可接電使用。 · 蝴蝶燈：較輕便的燈具，便於攜帶，能配合環境調整光線顏色，可調整成白光、黃光或是白光加黃光。 · 立燈：加強講師的打光，調整整體光影。 · 檯燈或手機都可以當補光的工具，建議在燈前加一張衛生紙或描圖紙，製造柔光效果。目前市面上也有一些簡易可裝在手機上的補光燈
反光板	· 反光板用於補強講師臉部的光，可避免臉部、下巴或脖子有太重的陰影。 · 除了專業的反光板，也可以使用鋁箔紙加上紙板自製簡易的反光板。
收音設備	· Shotgun：即是所謂指向型麥克風，可針對講者收音，降低空間噪音。 · 防風罩：將其套上麥克風，可避免講者說話的氣音，也可降低噪音。 · Boom 桿：可延長麥克風長度，若拍攝畫面距離較遠，又須避免麥克風曝光時可使用。 · Mini Mic：用於獨立收音，可藏在講者身上。

設備	用途/注意事項
場記板	· 場記板用於記錄拍攝內容、日期、場次…等內容。依材質可用粉筆、拉線蠟筆或白板筆書寫，拍攝前要特別記得檢查書寫工具是否能用。 · 打板是為了讓後製人員能對照場記人員記錄更快分辨影片內容，以及雙機拍攝時能以打板的聲音讓兩個影片同步。
讀稿機、輔助提示	· 讀稿機、大字報輔助提示能提供講者重點內容，提高講述順暢度及降低講者緊張感，也可使用電腦播放簡報並利用簡報筆控制速度。
場景佈置、道具	· 需依照教材影片內容需求準備場景空間及合適的道具。
投影設備	· 運用投影機投影教材內容，要注意光過亮會導致投影內容不明顯，過暗會看不到講師的臉，所以光影的拿捏要特別小心。
大尺寸 LCD	· 講師可即時在畫面上標示重點，若無感應功能，能使用可擦拭的擦擦筆，也能有同樣的效果。
雙機（以上）攝影機	· 因為訪談通常是一位以上講師同時在畫面中討論或訪談，所以在拍攝訪談畫面時通常會架設一機拍攝全景，另一機拍攝被訪談者畫面，甚至再加一機拍攝講師特寫。
繪圖板、筆	· 繪圖板是製作動畫常用的工具，通常由一個感應式的繪圖板加上一支繪圖筆為一組，方便於電腦繪圖。

(三) 協力教材開發─拍攝繪製

在拍攝繪製的階段中,需要團隊成員緊密的溝通與確認,需要藉此在各方面達成共識後,影片後製才能順利進行。

建議拍攝前先與錄製團隊進行溝通,針對單元教材影片之大綱、腳本、拍攝規格、後製規格等流程向教學者詳細說明,並依據錄製流程所提建議依序錄製、剪輯,以利課程影片製作流程、時程與品質之掌控。

以下說明本階段工作重點。另可參考本書第伍章第二節之〈錄製教材〉內容。

1. 一般拍攝注意事項
   不論以單機或是雙機(以上)拍攝,都要注意畫面的穩定,搖晃不定的畫面容易造成觀看者的暈眩不適,還要注意畫面是否正確對焦、光源明暗、收音品質。
   單機拍攝須注意打燈、收音或其他設備是否有在鏡頭中穿幫;雙機(以上)拍攝除了各項設備穿幫與否,還須注意攝影機是否有在互相的畫面中入鏡。

2. 拍攝取景、角度、人物比例
   取景時要注意光影的呈現,避免選擇雜亂的場地或空間作為背景。
   拍攝時須注意畫面角度是不是在水平位置、講師面對鏡頭的眼神是否太高或太低;若為訪談式攝影,

因雙方在訪談的過程中不一定要以直視鏡頭的方式呈現，須注意角度拿捏。

講師在畫面中的比例大致可分為全身、半身、特寫，如圖 41。

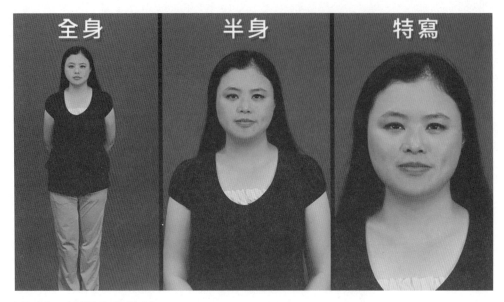

圖 41　拍攝人物比例

(1) 拍到全身的畫面通常用於要介紹整體環境或器材，講師肢體可活動的範圍較大，但會顯得講師較小且不清楚。

(2) 取半身比例，可看清楚講師，也可有肢體活動，但是相較於全身的幅度小，通常用於講師純粹講述教材內容。

(3) 特寫拍攝會更放大講者的表情及情緒，通常用於訪談的呈現方式，肢體能活動的範圍更小。

若講者面對鏡頭感到緊張，攝影團隊可以試試以下幾個方式來協助講者：

(1) 眼神聚焦：把鏡頭想像成一位觀眾，幫助眼神聚焦不飄散，有了定位點自然不緊張。

(2) 肌肉繃緊：例如把眉毛抬高 10 秒鐘、再放下；手握拳 10 秒、再放開；肩膀聳起 10 秒鐘、再放下等動作，讓身體放鬆。

(3) 內容表達不順：不死背內容，可製作詳細內容逐字稿、大綱、圖示，透過字幕機撥放，也可以輸出成大字報置於鏡頭後方，幫助說明講解。萬一講錯也沒關係，可以透過後製剪輯處理。

(4) 口乾舌燥：保護嗓子，飲用溫水、溫熱飲品，可以放鬆身體，舒緩頸部與胸腔的壓力，幫助口語順暢表達。

3. 製作方向溝通、風格一致性確認
正式製作前應先畫草稿，如圖 42，與講者溝通，若製作方向確認後再畫定稿或製作雛形影片，並再次與教學者做溝通確認，過程中也要特別注意風格的一致性，才不會有影片風格落差太大的狀況。

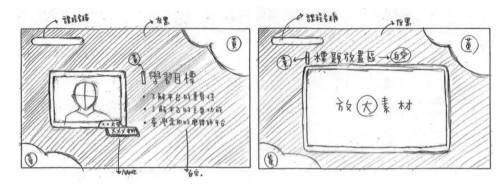

圖42　風格草稿範例

4. 分鏡表確認

動畫輔助式的協力教材需要繪製分鏡表，除了確認教材內容，完整的分鏡可有效的提升製作效率，並減少重複修改的次數。

(四) 協力教材開發－影片後製

協力教材開發常見專業後製軟體，如威力導演、會聲會影、Adobe Premiere、Adobe After Effects 等。

以下依圖 43 所列，依序說明影片後製的工作項目、工作重點與注意事項。

1. 影片剪輯

剪輯影片是一個將教材內容去蕪存菁的工作，除了依照教學內容順序編輯外，還要修剪講師口誤的部分，讓整個影片內容能夠順暢。

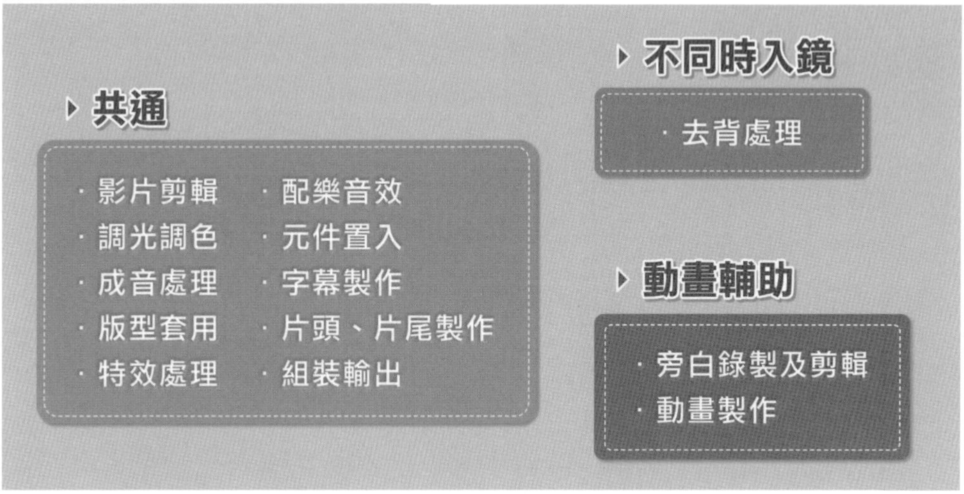

共通
· 影片剪輯　　· 配樂音效
· 調光調色　　· 元件置入
· 成音處理　　· 字幕製作
· 版型套用　　· 片頭、片尾製作
· 特效處理　　· 組裝輸出

不同時入鏡
· 去背處理

動畫輔助
· 旁白錄製及剪輯
· 動畫製作

圖 43　影片後製的工作項目

2. 旁白錄製及剪輯

錄製旁白可在專業錄音室，或是安靜的空間亦可，但是要避免於過大或是空曠的空間錄音，容易有空間音或回音。

3. 調光調色

調光調色是幫影片化妝的動作，因為除了調整畫面的色調及亮度之外，也要微調講師的氣色，讓教學者在畫面中看起來更有精神，進而讓影片整體顯得明亮有質感，圖 44 即可看出調光後之效果。

4. 成音處理

成音處理主要是去除雜音和空間音以提高聲音的清晰度，還需統一講師在影片中講述的音量，避免聲音忽大忽小的情形。

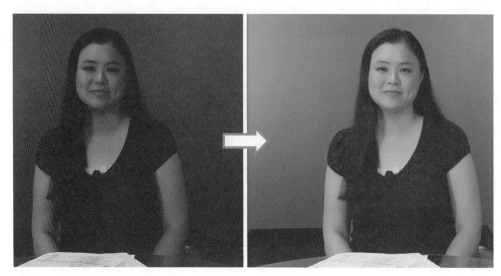

圖 44 調光調色範例

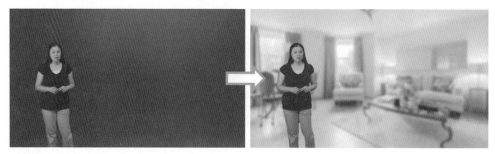

圖 45 去背範例

5. 去背處理

若需要拍攝去背影片,可於藍幕或綠幕攝影棚進行,
講師應避免穿著藍色、綠色、細條紋、細格紋或是
會反光的服飾。

6. 配樂音效

在影片中添加適當的音樂與音效，能增加教材的活潑感，也能有吸引學習者注意的效果，而配樂與音效的放置，也需配合教材影片的音量及風格，才不會造成突兀的感覺，素材取得及應用方式請見本書第伍章第一節之〈多媒體素材來源與應用〉內容。

7. 版型套用

俗話說「佛要金裝，人要衣裝」，版型套用像是教材的試衣階段，將與講師溝通確認過的樣式套入影片，讓畫面不論是版型還是色調都有協調美觀的感覺，更能使影片整體呈現更具一致性。

圖 46　版型範例

8. 元件置入

元件是影片中的飾品，可以為教材做點綴。通常講師在講述課程時，都會講到一些關鍵字或是重點，此時圖像化的元件就可依講師講述的時間出現在畫面中，不但能提升觀看者的注意力，也能加深學習者對內容的印象，如圖 47。

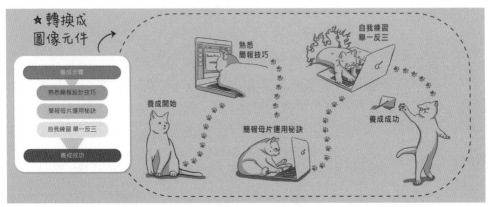

圖 47　圖像化元件範例

9. 特效處理

在影片剪接時，通常都會遇到要將兩段內容連接的情形，此時就可以運用簡單的轉場特效做自然的銜接，在教材影片中也可以配合內容做一些特殊的效果，例如放大、縮小、旋轉或變形等等，但是要避免過度的使用特效，容易造成學習者觀看困難，並且分散了教學重點，適當的運用這些效果才能吸引學習者又不失教學重點。

10. 字幕製作

有時學習者在聽教材旁白或講師講述時,可能會有聽不清楚或是有相似詞意的狀況,此時字幕就能提供學習者清楚瞭解旁白或講師敘述之內容。

目前字幕製作有兩種方法,一是直接在影片中加入字幕一起輸出,優點是不會有字幕遺失的問題,但缺點是輸出後的影片就無法更改內容,若要調整文字就得重新輸出;第二種則是外嵌字幕,優點是若文字內容有誤可針對字幕修改即可,不須重新輸出,是目前常用的字幕製作法,缺點是有可能遺失字幕檔。

11. 片頭、片尾製作

在影片進入到講師講課前,可先由簡單的片頭影片引導學習者進入課程,片頭內容可包含單元的基本資訊,例如單元名稱及講師名稱,讓學習者在正式進入教學內容前有一段緩衝的時間,如圖 48 即為片頭之範例。

圖 48　片頭範例

課程結束後可在片尾放置參與教材製作的工作人員名單，也可選擇是否要同時有幕後花絮或小動畫等等，放置片尾的功能是能引導學習者有「此教學已完成」的感覺，如圖 49 之範例。

圖 49　片尾範例

因為一般片頭片尾在每個單元教材影片都會有，所以建議影片長度不要太長，約 10-30 秒即可。

12. 動畫製作

適當的動畫能讓教材更為活潑，但需要更多時間、金錢及耐心的投入。

13. 組裝輸出

當教材影片都製作完成時，就可以進行輸出，但是要注意影音是否有同步輸出，以及輸出的檔案類型是否符合平臺需要、影片解析度是否夠高。

通常輸出影片會需要一段時間，輸出時間會因電腦
效能的高低而有所不同，在輸出時盡量避免同時進
行其他操作，以免造成當機，如果沒有備用電腦，
建議在休息時間或當日工作完成後進行，才不會影
響其他的工作進度。

教材製作其主要目的是希望運用各式媒體，以清楚且
易懂的方式呈現教材內容，能使學習者更容易理解教
材內容，並專注於教材知識，後製可以幫助達成教學
目標者為佳，若只是為追求精美，而多費人力工時，
則建議刪減。

因此，教材影片最重要的是確認教材內容之正確性，
其次著重於教材編排易於閱讀，並凸顯教材內容重點。
再進一步追求符合課程主題名稱之風格設計，並運用
各式媒體與工具製作教材影片，包含攝影棚拍攝、動
畫、戶外拍攝、簡報錄製講述等方式，再視需要進行
後製。

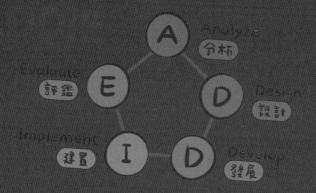

附錄

一、磨課師課程及教學品質自評參考規準

(一)組織面

▌「磨課師課程及教學品質自評參考規準」之「組織推動」自評表使用說明

「組織推動」使用說明

磨課師--「組織推動」自評表

一、適用對象：欲導入與執行磨課師之機構。

二、填答方式：建議透過會議討論方式填答。

三、目的：1. 提供磨課師導入與執行的參考方向。

2. 提供磨課師實施成效的自我檢核。

四、架構及使用時機：

1. 整體架構圖

2. 使用時機

(1) 導入前可參考「導入前宜考量」之項目進行自評。

(2) 規劃時可參考「遠景與目標」、「推動策略」、「推動組織與人員」、「資源投入」
及「行政配套」之項目，進行自評。

(3) 課程實施前可參考「執行內容」、「專案管理」、「招生宣傳」、「學習平臺」
及「智慧財產權機制」之項目進行自評。

(4) 課程實施中可參考「品質檢核」之項目進行自評。

(5) 課程實施後可參考「檢討與改善」之項目進行自評。

五、請在仔細閱讀檢核項目後，勾選最符合機構現況的欄位，然後在後面的意見陳述中，
具體說明組織的主要問題及自我改善的方法。

▎「磨課師課程及教學品質自評參考規準」之「組織推動」自評表

階段	類別	項目
A. 組織前景	A-1 導入前宜考量	A-1-1 提升組織既有價值。
		A-1-2 發展組織特色磨課師課程。
		A-1-3 承認學習者在其它機構取得的磨課師課程學分。
		A-1-4 承認其它單位磨課師課程的修課證明。
		A-1-5 與其它機構合作開發磨課師課程。
		A-1-6 利用磨課師課程開創專業教育領域的競爭優勢。
B. 規劃	B-1 遠景與目標	B-1-1 規劃磨課師課程的遠景及發展目標（如：翻轉教室、學分認證、跨校課程經營等）。
		B-1-2 規劃磨課師課程的適用對象及推廣策略（如：課程上架、曝光管道等）。
	B-2 推動策略	B-2-1 擬定磨課師課程的推動策略。
		B-2-2 擬定磨課師課程的績效指標。
	B-3 推動組織 與人員	B-3-1 推動組織與人員具有磨課師課程的主導權。
		B-3-2 推動組織的架構與權責明確。
		B-3-3 訂定課程製作、經營與品管之分工運作機制。
		B-3-4 定期舉辦相關會議活動。
		B-3-5 具備磨課師專案管理、教學設計、課程錄製、課程經營（協助線上帶領課程互動）及技術支援人員（協助教職員與學習者於磨課師課程中之技術需求）等團隊。
	B-4 資源投入	B-4-1 具備足夠的經費與資源，以有效支援磨課師課程之發展。
		B-4-2 具有開設課程與錄製教學影音所需的軟硬體。
		B-4-3 具有磨課師團隊人員培訓計劃。
		B-4-4 引進外部資源，並確定合作模式。
	B-5 行政配套	B-5-1 訂有激勵機制，以提升教師投入磨課師課程的意願。
		B-5-2 訂有辦法以激勵學習者修習磨課師課程。

階段	類別	項目
C. 支持與運作 階段	C-1 執行內容	C-1-1 磨課師課程的設計發展、線上教學活動、品質確保，及教與學、技術和行政支援等執行內容具體可行。
		C-1-2 執行的時程合適。
		C-1-3 執行的預算合適。
		C-1-4 執行的查核流程合適。
		C-1-5 定期舉辦推動與檢討會議或活動。
	C-2 專案管理	C-2-1 建立專案管理方式，並由專案經理定期呈報磨課師課程執行進度與績效。
		C-2-2 建立專案執行工作項目、流程、人力、經費、時程、品質及風險等相關規劃與評估表單。
	C-3 招生宣傳	C-3-1 根據課程特色、教學內容規劃與及課程經營方式，設定重點目標族群，規劃招生和開發潛力市場的策略。
		C-3-2 根據設定的招生、市場行銷策略，利用多種行銷管道曝光推廣，鼓勵跨校、跨機構、跨國等聯合推廣。
		C-3-3 針對不同需求族群，設計各種問卷或意見回饋機制，或由專人輔導選修適當課程。
	C-4 學習平臺	C-4-1 學習平臺具備註冊、自動評分與同儕互評等功能。
		C-4-2 學習平臺具記錄學習者各類學習歷程的功能，如：每一教學單元影片的瀏覽歷程、評量歷程、議題回應歷程等，並提供學習資料分析功能。
		C-4-3 學習平臺提供開課期間每週國內外課程註冊人數統計、每週國內外課程瀏覽人數／人次統計、國內外課程完成人數統計、國內外課程通過人數統計等的修課記錄。
		C-4-4 具有學習者身份確認機制與準則。（如 （a）使用個人專屬登入密碼 （b）有監考制度的考試 （c）其它能有效認證學習者身分的技術或機制。）
		C-4-5 提供大量師生同時上線從事教學活動之穩定頻寬。
		C-4-6 提供適當的備援機制，以確保資料安全與教學的持續運作。
		C-4-7 提供網路安全的維護措施，以確保網路安全。

階段	類別	項目
C. 支持與運作 階段	C-5 智慧財產權 機制	C-5-1 制定符合智慧財產權規定之教學素材使用、開發及取得的制度。
		C-5-2 建立課程智慧財產權審核流程。
		C-5-3 提供智慧財產權諮詢服務。
		C-5-4 針對磨課師課程的智慧財產權議題,提供教育訓練與資源。
		C-5-5 建立課程智慧財產權歸屬與移轉等的機制。
D. 評鑑與改進 階段	D-1 品質檢核	D-1-1 訂定教學設計品質檢核機制。
		D-1-2 訂定教學影片製作品質檢核機制。
		D-1-3 訂定課程執行品質檢核機制。
		D-1-4 訂定行政支援品質檢核機制。
		D-1-5 規劃專案溝通、進度與績效檢核方式。
	D-2 檢討與改善	D-2-1 使用不同屬性(學術上、行政上)的數據,定期評鑑磨課師課程的成效並進行調整。
		D-2-2 根據品質檢核與專案績效結果,訂定改善方案(如課程執行狀況說明、下次線上開課之建議、教學影片增刪修訂、教師獎勵或調整等)。

「磨課師課程及教學品質自評參考規準」之「課程設計與應用」自評表使用說明

「課程設計與應用」使用說明

磨課師--「課程設計與應用」自評表

一、適用對象：擬開設磨課師課程的授課教師、教學團隊人員。

二、目的：

    1. 提供磨課師課程教學設計的參考方向。

    2. 提供磨課師課程實施成效的自我檢核。

三、使用時機：

    1. 開課前可參考「準備」、「分析」及「設計」階段之項目進行自評。

    2. 教材影片製作可參考「發展」階段之項目進行自評。

    3. 課程實施中及課程結束後，可參考「實施」及「評鑑」階段之項目進行自評。

(二)課程設計面

■「磨課師課程及教學品質自評參考規準」之「課程設計與應用」自評表

階段	項目
A. 準備階段	A-1 理解磨課師課程的特色與應用模式（如針對廣大對象、產業需求、學生自主學習、國內外機構合作、學習資源開放等）。
	A-2 熟悉機構的磨課師課程發展組織與運作方式。
	A-3 掌握磨課師課程的教學策略與學習方式。
	A-4 確認投入磨課師教學的時間與資源。
	A-5 明瞭機構提供磨課師授課教師關於課程設計、製作發展與執行，及行政、技術與教學等的行政配套與支援。
B. 分析階段	B-1 分析磨課師課程的潛在學習社群及先備能力。
	B-2 分析與設定磨課師課程的學習目標。
	B-3 確認磨課師課程的學習內容。
	B-4 確認磨課師課程的教學與學習流程。
	B-5 確認磨課程課程的產出內容。
	B-6 分析磨課師學習環境與平臺功能。
C. 設計階段	C-1 提出磨課師課程的設計構想，如主題、影片呈現、討論、評量、活動、作業等之教學計畫表規劃。
	C-2 設計檢核學習成就的方式。
	C-3 設計適當的實例或個案。
	C-4 提供補充教材或網路資源。
	C-5 設計適合磨課師課程的線上評量活動。
	C-6 設計可進行同儕互評的作業。
	C-7 設計討論、分享與回饋的互動方式。
	C-8 設計促進自主學習的活動。

階段	項目
D. 發展階段	D-1 發展的內容具有完整的智慧財產權,且未侵害第三人之營業秘密或其他權利。
	D-2 發展的教材內容能合適地呈現主題。
	D-3 發展的數位教材畫面的外觀、色調和版面合適。
	D-4 製作的數位教材畫質與音質清晰。
	D-5 撰寫的線上測驗題目合適。
	D-6 發展的作業內容合宜。
	D-7 設定的同儕互評活動合宜。
	D-8 設定的討論、分享與回饋的互動方式合宜。
E. 實施階段	E-1 提供學習資訊與學習服務的管道。
	E-2 課程網頁說明課程的基本資訊與考評標準、適學對象、先備能力建議、各種學習方法、教材與平臺的使用說明等。
	E-3 適時公布課程進度、即時訊息與回應學習者的問題。
	E-4 營造積極的非同步學習氣氛,引發並維持學習者的學習動機。
	E-5 適時檢視學習者的學習情形並進行鼓勵或輔導。
	E-6 實施學習者對教學影片、教學活動、平臺等的形成性評鑑問卷調查。
	E-7 實施線上教學團隊的形成性評鑑。
F. 評鑑階段	F-1 實施學習者對教學影片、教學活動、平臺等的總結性評鑑問卷調查。
	F-2 實施線上教學團隊的總結性評鑑調查。
	F-3 根據學習成效評量與課程結果的產出評估,提出課程成果與修正建議報告。

二、臺灣磨課師官方網站

磨課師線上入口網站
http：//taiwanmooc.org/

磨課師智慧財產權網站
http：//ipr.taiwanmooc.org/

臺灣磨課師 Facebook 粉絲專頁
https://www.facebook.com/TaiwanMOOC

磨課師教學設計指引 / 張淑萍主編 . -- 第一版 . --
臺中市：社團法人中華開放教育聯盟 , 2019.01
　　面；　公分

ISBN 978-986-144-174-0(平裝)

1. 數位學習　　2. 課程規劃設計

　　　521.539　　　　　　　　　　　　　107022502

磨課師教學設計指引
Instructional Design Guideline for MOOCs

總　編　輯：劉安之
主　　　編：張淑萍
執 行 編 輯：呂玥馨、張瀞文
封 面 設 計：廖祚隆

出　版　者：社團法人中華開放教育聯盟
地　　　址：40724 臺中市西屯區文華路 100 號
電　　　話：04-24517250 Ext. 2814

發 行 單 位：商鼎數位出版有限公司
發　行　人：王秋鴻
　　　　　　http://www.scbooks.com.tw
　　　　　　新北市中和區中山路三段 136 巷 10 弄 17 號
　　　　　　TEL：(02)2228-9070　FAX：(02)2228-9076
　　　　　　郵撥 / 第 50140536 號　商鼎數位出版有限公司

出版日期：2019 年 1 月　第一版 / 第一刷
定價：250 元
ISBN：978-986-144-174-0